こころを支える「東北」の言葉

…う″を超えるよりどころ

言視舎

「がんばろう」を超えるよりどころ——前書きにかえて

東日本大震災の起きた3月11日は、盛岡の自宅にいました。三陸沿岸や福島の浜通りなどに比べたら、目に見えるような被害は少なかったのですが、目に見えないショックはそれなりにあったようで、執筆中だった『岩手の逆襲』が前に進まなくなりました。これは〝笑う地域活性本〟として、その都道府県の弱点とされているところも含めて意外な魅力を面白おかしく紹介しよう、という言視舎の人気シリーズの一作ですが、場所によっては街そのものが消えてしまいかねない岩手の惨状に、さすがに笑ってる場合ではないと感じられたからです。

その一方で、メディアからは「がんばろう日本」「がんばろう東北」という合唱が聞こえてきました。その気持ちはわからなくもないものの、たとえばうつ病の人に対して「がんばろう」という言葉は禁句だったりします。被災の規模によるとはいえ、心身ともに限界に近い状態ですでに「がんばっている」人に対して「がんばろう」でいいのか、下手をすると逆効果ではないのか、と思いましたし、実際、そういう声もあちこちであがり始めました。

もっともこれは、言葉で仕事する物書きとしては歯がゆい事態です。励ますにしても、癒すにしても「言葉」にはもっと豊かな力があるはず、そうあってほしい……。気がつくと「がんばろう」

に代わる言葉を探している自分がいました。そして、その作業を通じ、言葉の魅力、とりわけ「東北」の言葉の豊かさに改めて気づくことができたのです。

東北の人には無口なイメージがあるかもしれませんが、じつはそうではありません。詩や小説、民謡、歌謡曲の傑作がこの地から多く生まれているように、喜怒哀楽を「言葉」に託し、人生の機微を表現してきました。気候的にも、社会的にも、けっして恵まれてきたとはいえない環境が、その能力を磨いてくれたのでしょうか。思えば筆者自身、妻の出身地である盛岡に移り住んだのも、そんな東北の「言葉」の豊かさに惹かれたからでした。

さらにいえば、言葉の豊かさは心の豊かさにも通じる気がします。また、どんな言葉も、心がこもっていなければ良くは伝わりません。この本には、言葉探しの作業を通して、筆者の心に響いたものを可能な限り紹介しようとしたため、特に東北ゆかりでない言葉も含まれていますが、東北ゆかりの言葉だけでも十分、一冊の本が成立したことでしょう。それはおそらく、東北の心が豊かだからに他なりません。

その豊かさを東北の人が信じ、また日本中の人に知ってもらうことこそが、真の復興、あるいは、再生へとつながる気もしています。

筆者はこの本を作ることで「がんばろう」に代わる、いや、それを超えるよりどころを得ることができました。願わくば、この本を読んでくださるあなたにとっても、何らかの力につながれば幸いです。

目次

みつめる

つたえる

うたう

いのる

よみがえる

わらう

　この震災で大きな被害を受けた岩手県大槌町にある蓬莱島は、ＮＨＫの人形劇『ひょっこりひょうたん島』のモデルともされ、地震と津波に襲われるまで、その主題歌が時報がわりに流れていました（２０１１年７月現在、再開に向けて準備中のようです）。

「だけどボクらはくじけない　泣くのはいやだ　笑っちゃおう　進め」

というサビのフレーズを、覚えている人も多いことでしょう。原作に携わり、作詞にも参加した井上ひさしは、山形生まれで宮城や岩手に住んだこともある東北ゆかりの人。そして「笑い」というものに生涯こだわり続けた人でもあります。

　その創作の極意は、

「むずかしいことをやさしく、やさしいことをふかく、ふかいことをおもしろく、おもしろいことをまじめに、まじめなことをゆかいに、ゆかいなことはあくまでもゆかいに」というものでした。ゆかいに表現すること――つまり「笑い」こそ、最終到達点、ゴールだというわけです。それは孤児院で育ち、苦学の末、世に出たこの人の「生きる極意」でもあったのでしょう。実際、どんなつらいことがあっても、最後に笑うことができれば、幸せな気がします。

ただ、この本ではあえて、最初の章に「笑い」を持ってくることにしました。ゴールではなくスタート、まず笑ってみることでつらさを乗り越え、幸せに近づくこともできるのでは、とも考えたからです。

ちなみに、井上は「笑い」について、こんなことも言っています。

「それは、一人ではできません（略）苦しいときに誰かがダジャレを言うと、なんだか元気になれて、ピンチに陥った人たちが救われる場合もあります（略）人間の出来る最大の仕事は、人が行く悲しい運命を忘れさせるような、その瞬間だけでも抵抗出来るようないい笑いをみんなで作り合っていくことだと思います」

「笑い」とはおそらく、人間ができる最高の共同作業。ここで一緒に、その意味について考えてみませんか。

（参考文献『ふかいことをおもしろく』井上ひさし　ＰＨＰ研究所）

▼白幡美千子＝気仙沼ちゃん

「いやぁ～、震災直後の日刊スポーツに〝安否不明〟なんて出たからビックリしたよぉ～（略）私なんて、毎日たくさん歩いているから筋肉が付いて腹筋ができるようになったぐらい。もう少し若ければ出産もできちゃうくらい体力が付いたわ。〝元気だよ〟と強く言うのもおかしいけど、下を向いていてもしょうがない。私は前向きな性格なんです」

（『日刊スポーツ』2011年3月27日付）

気仙沼ちゃん――かつてそんな愛称でタレントとして親しまれた人がいます。70年代後半『欽ちゃんのドンとやってみよう！』に出演して、東北なまりと天然キャラで人気者に。引退して、宮城県気仙沼市に帰郷後、同市内の離島・大島に嫁ぎ、民宿の女将になっていました。

その民宿が高台にあるため、床上浸水で済んだものの、一時は音信不通となり〝安否不明〟報道が。3日後、無事が確認され、その10日後、写真つきで紙面に登場したのです。

夫や姑、そして気仙沼ちゃん二世のような愛嬌ある雰囲気を受け継ぐ娘とともに、彼女は電気も水道も復旧していない倉庫で暮らしていました。自家発電はできているものの、電球は夫による手作り。そんな状況でも、ギャグを忘れないあたり、元・欽ちゃんファミリーの面目躍如というべきでしょう。

「もう少し若ければ出産もできちゃうくらい体力が付いたわ」

ちなみに彼女、56歳だそうです。

▼木村秋則

「歯のない笑顔が私のトレードマークのようなものですが、件のトラブルの際に1本歯を折ってしまい、お金がないのでそれを放置したのが原因です。抜けた歯をそのままにしておくと、他の歯も動いてしまい、抜けやすくなるのだそうです。まあ、私にとっては自分のハ（歯）より、りんごのハ（葉）のほうが大事でしたからしようがありません」

（『自然栽培ひとすじに』創森社）

世界で初めて無農薬のりんごを作った男――と呼ばれ、その人生が舞台化までされた青森県弘前市の農業経営者・木村秋則。その成功と引き換えに、彼はすべての前歯を失いました。妻が農薬に弱い体質であることから、自然栽培に挑戦したものの、成果が上がらず、キャバレーでアルバイトしていたところ、ヤクザと喧嘩したのが原因です。

しかし、そんなつらい経験をも「自分の歯よりりんごの葉が大事」だったからなどと、ユーモラスに語ろうとします。じつはこの人、自然栽培を始めて6年目に、自殺を考えたのですが、それについても「こんなときこそ、農薬があればいいのにと思いました」などとギャグにしているのです。

そして、死ぬためにロープを持って岩木山に入ったところ、生き生きと自生するどんぐりの木を見て、彼は驚き、確信を得ます。「この環境を再現すればいける」と。それから数年がかりで、畑の環境を変え、不可能だとされていた〝奇跡のりんご〟作りを軌道に乗せました。

そういえば、彼が悪戦苦闘していた頃、小学6年生の娘は、

「私のお父さんの仕事はりんごづくりです。でも、私は、お父さんのつくったりんごを一つも食べたことがありません」

と、自虐的な作文を書いたとか。昔から津軽人はユーモア精神が旺盛だといわれますが、親子そろってそういうタイプなのでしょうか。

いずれにせよ、世界的奇跡の実現には、どんな苦労も笑いにできる能力が必要なようです。

▼山内梨香

「だから、笑い療法士を目指したきっかけも、誰かに何かをしてあげようというよりも、乳がんになった自分自身がまず癒されたかったこともある。でも、講習を受けて笑い療法士になった後は〝目の前にいる誰かに笑顔になってもらうために生きていけばいいんだ〟と思えるようになった」

(『がけっぷちナース　がんとともに生きる』私家版)

岩手県岩泉町出身で、盛岡市内の病院に勤務していた山内梨香は〝がけっぷちナース〟として、全国的にも有名になった人です。30歳で乳ガンを発症し、転移に次ぐ転移に苦しめられながらも、

36歳で亡くなるまで精神科の看護婦として働き続けました。死の前年には結婚も果たし、高橋梨香という新しい名前で『奇跡のウェディング』という2作目の著書も出版しています。

その闘病を支えたもののひとつが〝笑い〟でした。最近の医療現場において、笑うことが患者の自己治癒力を高めることから〝笑い療法士〟なる資格が注目されていることを知り、彼女はその3期生として認定されます。その動機については「自分自身がまず癒されたかった」としていますが、それはむしろ王道だったのかもしれません。というのも、講習中、認定評価委員長からこんな言葉をかけられたのですから。

「相手を笑わせるには、まず自分が笑うこと。安心を与えるには、まず自分が安心を確信する必要がある」

こうして〝笑う力〟を取り戻せたからこそ、彼女は〝がけっぷち〟でも働き続けられたのでしょう。また、ガンが再発した際、笑い療法士でもある知り合いのスクールカウンセラーからはこんな言葉をもらったとか。

「元気は人から借りてでも使っていると、だんだん元気になってくるものですよ」

元気は目に見えませんが、笑顔や笑い声で届けることができ、その貸し借りを通しておたがいがもっと元気になれたりもする――自分ががけっぷちだな、と感じているような人に贈りたい言葉です。

▼斎藤清作＝たこ八郎

「めいわくかけて　ありがとう」

（都内にあるたこ地蔵にも記載された座右の銘）

プロボクサー・斎藤清作として『あしたのジョー』のモデルとなり、芸人・たこ八郎として人気を得たあと、44歳で海水浴中に水死。そんな数奇な運命を生きた、仙台出身のこの人は、座右の銘も一風変わったものでした。

「めいわくかけて」のあと、普通なら「ごめんなさい」になりそうなところで「ありがとう」と言うのです。もっとも、それは彼が苛酷な人生経験から得た実感だったのかもしれません。

幼少期に左眼を失明しながら、日本チャンピオンに昇りつめたものの、打たせるだけ打たせて相手が疲れたところで一気に倒す捨て身の戦法があだになり、パンチドランカーに。とぼけた芸風で笑わせるようになってからも、おねしょに悩まされたといいます。周囲に迷惑をかけ、申し訳ないと思うことも多かったでしょうが、そのたびに謝っていては、自分も相手も暗くなるばかり。でも「ありがとう」なら、なんとなく明るくなれるかも……という前向きな無意識が、この不思議な座右の銘につながったようにも思えるのです。

人間同士がつきあうというのは、ある意味、迷惑をかけあうこと。つまり、おたがいさま、というわけです。被災して誰かの厄介になったりして、後ろめたく感じても「ごめんなさい」より「ありがとう」の気持ちでいたほうが、幸せに近づける、そんな気がしませんか。

▼宮沢賢治

「いきなり一人がブドリの帽子を叩き落としました。それからみんなは寄ってたかってブドリをなぐったりふんだりしました。ブドリはとうとう何がなんだかわからなくなって倒れてしまいました。（略）けれどもそれから一週間ばかりたちますと、もうブドリはもとの元気になっていました。そして新聞で、あのときの出来事は、肥料の入れ様をまちがって教えた農業技師が、オリザの倒れたのをみんな火山局のせいにして、ごまかしていたためだということを読んで、大きな声で一人で笑いました。」

（『ちくま日本文学003　宮沢賢治』筑摩書房）

宮沢賢治は内陸（岩手県花巻市）出身ですが、明治の大津波の年に生まれ、昭和の大津波の年に亡くなりました。それもあってか、今回の大津波でも再注目され、代表作の『雨ニモマケズ』があちこちで朗読されたりしています。

そのなかに「決シテ瞋《いか》ラズ　イツモシヅカニワラッテヰル」という一節があります。それを地で行くように思えるのが、この童話『グスコーブドリの伝記』に出てくるエピソード。島の火山局で働くグスコーブドリは、ある日、百姓の集団にボコボコにされ、その後、濡れ衣であることを知ると「大きな声で笑い」だしたというのです。

おいおい、そこは怒るところだろ、とツッコミを入れたくなりますが、笑うことを選ぶのが、賢治の美学でした。じつは、この主人公には賢治自身が色濃く投影されているともいわれ、ラストもいかにも賢治的です。主人公は島の人々を冷害から救うために、火山を爆発させて気温を上げるという、成否にかかわらず、死とひきかえとなる仕事に挑むのですから。

賢治に心酔していた井上ひさしは、ここに「自殺他生、自己犠牲によって周りが生き延びる」という精神を見て、高く評価しています。たしかに、これは科学童話でもあり、宗教童話でもあるわけです。じつは、93年に行われた講演で、

「これから大事なのは、我々が、科学が生み出した文明の暴走をどうとめるかということです。それは、宗教か、芸術か、どっちかわかりませんが、賢治の中でうまくバランスがとれていたことを、二十一世紀を迎えるに当たって、しっかりと受け止めなければなりません」

と、指摘していた井上ですが、それはこの震災で抜き差しならない問題と化しました。賢治の時代の大津波にはなかった意味が、今回の大津波にあるとすれば、原発という科学文明の不安定さを露呈させ、今の世の中のバランスの崩れを明らかにしたことでしょう。

今後の世の中はますます、科学だけでも、宗教だけでも、芸術だけでもやっていくことはできません。『雨ニモマケズ』の朗読もいいですが、人間にとって毒にも薬にもなりうる、この三者をどう融合させていくか、それを考えることこそが大切なのです。

▼林芙美子

「私はお伽話的なこの青年の行動に好ましい微笑を送った。そして気持ちよく桃色の五十銭札を二枚出して青年の手にのせてやった。『貴方お腹がすいてたんですね……』『ハッハッ……』青年はそうだと云ってほがらかに哄笑していた。『地震って素敵だな！』十二社までおくってあげると云う青年を無理に断わって、私は一人で電車道を歩いた」

（『放浪記』新潮文庫）

本書を作るうえで、非常に参考になった『週刊防災格言』というメールマガジンがあります。そのなかで、作家・林芙美子の「地震って素敵だな！」という言葉に遭遇したとき、少なからず驚きました。

出典は、彼女が自らの若き日の日記をもとに書いた自伝小説『放浪記』。森光子がでんぐりがえりをする舞台でも有名ですが、この言葉はまさにでんぐりがえり級の斬新さです。

どういう流れで出てくるかというと、関東大震災の直後、主人公は親のもとへ向かう途中、見知らぬ青年と道連れに。当初はその哲学めいた物言いに、好意を持てなかったものの「すいとんでも食べましょうか」という誘いを断った自分に、青年が見せた「お伽話的な」行動から、その本音に気づきます。彼は、日傘のない彼女に傘を突き出し「これで五十銭借して下さい」と頼んできたのです。

空腹であることをあっけなく認め、大笑いした青年に、彼女は好感を抱き、自分も貧しいくせに施しをしました。そして、このような出会いをもたらしてくれた「地震」を「素敵」だと感じます。『週刊防災格言』では、この解説を「災害は人を優しくするのだ」と結んでいますが、優しさ以上に「明るさ」を感じさせる話です。

芙美子の影響で作家になったという瀬戸内晴美（現・寂聴）は、その魅力を「何があっても平気なところがある。（略）なにか彼女の詩心でもって、自分の不幸も、貧乏も、失恋も、みんな聖化していってしまう」と評しました。そして「庶民の中にある逞しさ、楽天的というか、向日性というのか、そういうものがある」とも。

たしかに、元祖・不思議ちゃんというべき芙美子は別格としても、そういう「逞しさ」は庶民、特に女性には、大なり小なりあるような気がするのです。どんなときも「素敵」を感じられたら、人生そのものがきっと「素敵」になることでしょう。

▼棟方志功

「哀しみはね、人間の感情のなかで一番大切なことだと思いますね。ベートーベンも、なんとか泣かないで、本当のものを表そうとしたってことをいいます。涙を流しちゃダメだってね。（略）〝なく〟っていう字でもね、さんずいじゃなく、口を二つ書いて下に犬を書く、あれがね、

慟哭の哭が哀しみですよ」

（『ＮＨＫアーカイブス　シリーズわたしが選ぶあの番組（2）』ＮＨＫ総合　２０１１年5月29日放送）

青森が生んだ世界的版画家・棟方志功。自ら「森羅万象をえぐる」と表現したように、その創作姿勢は鬼気迫るものでした。

ビジュアル的には、幼い頃、囲炉裏の煤で近視になった（晩年は片目を失明）ことから、板に目をすり寄せるように彫るスタイルによる印象が大でしょうが、精神面においても、彼は対象との向き合い方について、こう言っています。

「抱かなくちゃね。向こうに抱かれちゃダメなんだ。こっちから、抱かなくちゃダメですよ」

そうすることで初めて、涙も流さずに哭く、という人間の奥底にある哀しみをえぐり出すことができたのでしょう。

また「哀しみ」が一番大切だとしつつ、彼は「笑い」も大好きでした。子供時代、ゴッホの絵とめぐりあえた衝撃を、

「一番やっぱり心をうたれたのは、ゴッホでしたね。それでもう、飛び上がってね。わ、ゴッホになる。青森のほうでは、僕のことを〝わ〟っていうんですよ。わ、ゴッホになる。それから、ゴッホゴッホゴホゴホっていうね。咳するようにね、ゴホゴホゴホゴホってね」

ユーモラスに語ります。

その版画には、太古、たとえば縄文のたくましさがあるといわれますが、それは「哀しみを抱きながら笑う」という生き方そのものから来ているのでしょう。太古以来、人間がたくましく生きるにはそれが一番なのだ、ということを、彼の版画は教えてくれています。

▼香山リカ

「ニュース見て胸を痛めていたはずなのに〝あれ、あのアナウンサーのネクタイ曲がってるよ〟とクスリと笑っちゃう。心が矛盾した状態になってきたら、それは逆に回復の第一歩です。〝真摯な共感〟と〝やや不謹慎な笑い〟とが共存したり」

（本人のツイッター　2011年3月15日）

心のプロ、というべき精神科医・香山リカ。彼女は震災直後から、自身のツイッターで精力的に発言していました。

悲惨なニュースばかりのテレビが不安をさらにあおることから「優しい音楽ときれいな映像」だけを流す「心のとまり木チャンネル」ができればいいのに、とか、震災からちょうど一週間、というタイミングでは「記念日反応」が起きてよけいに落ち込みやすいから気をつけて、とか。なかでも、感心させられたのがこのツイートでした。

すなわち、人間の心はもともと矛盾していて、真逆の感情が同時に現れたりするけど、むしろそのおかげでバランスをとっていられるのだと。たしかに、震災によるショックやストレスで心が弱ったまま、共感しすぎたり、自粛しすぎたり、元気になろうとしすぎたり、とにかく頑張りすぎることはかえってよくないのでしょう。

強くありたいと願う人は、とかく心もコントロールできると思いがち。しかし、心の弱さを認め、しっかりといたわってこそ、強くいられるわけです。それこそ「真摯な共感」を抱き続けるには「やや不謹慎な笑い」も必要である、というように。

▼瀬戸内寂聴

「昔は、女盛りは16歳までと言われていたのですから、世の中変わりました。女性たちには、美しく装い、明るい心を持ってほしいものです。心が明るくなくては、守れるものも守れません。戦時中は、着飾ってはいけないと袖の長さまで決められていたけれど、何の役にもたちませんでしたよ」

（『婦人公論』２０１１年５月22日号）

尼僧でもある作家・瀬戸内寂聴。平泉中尊寺で得度し、浄法寺町の天台寺の住職を20年近く務めるなど、岩手ゆかりの人でもあります。

89歳の今、かつて湾岸戦争への抗議としてハンガーストライキを行ったような体力はないものの、この震災についてもチャリティバザーを催したり、原発問題などで対談本を出すなど、精力的に活動しています。「世の中は無常で、同じ状態は続かないからもう少しいい時が来ます」「つらいでしょうけど、笑ってください」……そんな言葉に励まされている人も少なくないでしょう。

その一方で、こんな指摘も。

「忘却は人間に与えられた恩寵であると同時に、劫罰でもあります。戦争でどんなにひどい目にあって苦しんだかということを、焼け野原をその目で見ているのに、時間とともに忘れてしまう。（略）間違いに気づいたら、経験者は声をあげて、再び同じことを未来に起こさないようにすべきです」

そして、科学文明にもまた「恩恵」と「リスク」があるとして、前者の代表に「女性を家事労働から解放した」ことを挙げます。それにより「浮いた時間で化粧をしたり、勉強したり、外で働くこともでき（略）その気になれば、離婚もできる」ようになったのだ、と。

逆に、今回の原発事故は「リスク」を浮き彫りにしてしまいましたが、彼女はだからこそ「恩恵」を受けた女性たちに「美しく装い、明るい心を」と呼びかけます。

「自分の元気で周りも明るくしようという気持ちを持ちましょう」

そういえば、昭和の女性の元気な姿を描くＮＨＫの朝ドラ『おひさま』は、被災地で特に人気が高いとか。女性の元気は、世の中を明るくするのです。

▼石川啄木

「運命という奴は、決して恐るべき敵ではないらしい。此方が冷やかな眼をしていれば、先方も冷やかな顔をしているけれども、運命という奴も、此方で先に笑って見せさえすれば、どうやら先方でも愛想笑いぐらいはしてくれそうだ」

（『石川啄木集　下巻』新潮文庫）

宮沢賢治の言葉を紹介した箇所で「イツモシヅカニワラッテヰル」ことが、彼の美学だったと書きました。同じ岩手出身の石川啄木には「笑い」のイメージはあまりありません。「われ泣きぬれて」とか「じっと手をみる」というイメージです。

が、彼はこんなことも言っていました。「運命」に対して「先に笑って見せ」れば「愛想笑いぐらいはして」くれるのではないか、と。すなわち「笑う門には福きたる」ということわざを、彼流に言っているわけです。

もっとも、このあとで、

「人情を持っているとすれば正にこうあるべきだが、僕には其処がまだはっきりしない」

と続けるあたりに、悲観と楽天の狭間で揺れ動いていたことがうかがえるのですが。

ただ、楽天的に生きようとしても、人間はしばしば悲観的になってしまうものです。啄木の魅力も、その揺れ動きにあるのでしょうし、それゆえ、彼の世界はすぐれて人間的なのだともいえます。

そして、人間の心が常に揺れ動くものなら、悲観的になりかけたときこそ、運命に笑いかけてみたいのです。その愛想笑いだけでも、せめて引き出すために。

よりそう

つらさを抱え、苦しむ人を前にしたとき、有効だとされるやり方に「よりそう」というものがあります。

しかし、それは簡単なことではありません。つらさや苦しみは人それぞれ違いますし、そもそも、別々の心を持った人間同士が寄り添い合うことなど不可能だと考える人もいるでしょう。

それでもなお、人は誰かのつらさや苦しみに寄り添おうとするもののようです。この震災では、いろいろな人がいろいろなやり方で、そうしようとする姿に出会いました。

たとえば、宮城県七ヶ浜町の73歳の女医・鈴木ヒトミは、

「(高齢だなんて) そんなことは言っていられない。私は幸いにも命もあるし家もある。医師にしかできないことがある」

と、診療所をすぐに再開し、岩手県盛岡市の元力士・菅原東広は、

「（知人の）村長が電話で〝村民を助けたい〟と泣きながら話していた。僕にできることは、ちゃんこの炊き出ししかないと思いました」

と、野田村でちゃんこを振る舞いました。

また、福島原発での放水作業で注目された東京消防庁のハイパーレスキュー隊長を父に持つグラビアアイドル・高山智恵美は、

「私の父は国のためにあんなに頑張ってるのに娘はこんなことしてるのかと残念に思った方もいると思います。私は父と違って一人の命も救うことはできません。けれど父が救ってくれた方々を笑顔にするために私は芸能界で頑張ってます」

ブログに決意を綴りました。

（参考文献『日刊スポーツ』2011年3月23、25、28日付）

これらに共通することは、自分の立場や特性を考えたうえで役に立とうとする姿勢。そう、誰かに「よりそう」という行為は、自分とは何か、というテーマに向き合うことでもあるわけです。この章に出てくる言葉からは、発言者自身の「人間」もぜひ感じ取ってください。

▼野口英世

「ぼくの母は、ぼくよりも偉い人間だ。別れる時に、あまりくどいことを言わなかったよ。し

かし、ぼくはもう二度と母に会えないのじゃないかと思った」

（『明治の人物誌』星新一　新潮社）

日本人にとって最も馴染み深い科学者、それはこの人かもしれません。福島県猪苗代町の貧農の家に生まれ、1歳のとき、囲炉裏に落ちて左手に大火傷を負いながらも、医学によって身を立て、ノーベル賞候補に3度推された野口英世。その生涯は、子供向け伝記に盛んにとりあげられ、また、その肖像は千円札の顔となっています。

24歳の初渡米以来、後半生のほとんどを海外ですごした彼は、38歳のとき、2カ月ほど帰国しました。「はやくきてくたされ。いしょ（一生）のたのみて。ありまする。にし（西）さむいてわ。おか（拝）み。ひかし（東）さむいてはおかみ。しております」と手紙に切々と綴った母の気持ちに応えようとしてのことでしたが、会ったあと「ぼくよりも偉い」のは母だと語ったのです。

たしかに、農作業もままならないであろう息子に勉強を勧めたのは母でしたし、息子はそんな母を喜ばせたくて、勉強に励みました。面白いのは、作家・星新一の父で、英世と親しかった実業家・星一の言葉です。

「野口君がアメリカで出世する。その出世と同時に、お母さんの顔も出世していた」

どんなに遠くにいても、彼女は息子と寄り添い、一心同体だったということでしょう。やがて、英世の帰国で念願の再会をはたすと、

「もう、私は覚悟しております。私は一生の仕事をすませましたから、いつ死んでもよろしゅうございます」

そう言い切り、その3年後、世を去りました。

黄熱病の研究中、自らも罹患して、アフリカで客死した英世の墓には「人類のために生ける彼は、人類のために死せり」という文章が刻まれています。そのような人生を貫けたのも、この母がいればこそ。偉人よりも偉い人が存在するとすれば、それは偉人を育てた人なのです。

▼菅原憲

「より良く生きようとするエネルギーが強いからこそ〝苦しみ〟も強く感じられます。〝こころの傷つき〟を経験することは、弱いからではなく生きようとする強い意志があるからこそです」

（『ドリーム・アイ』2011年5月22日号）

盛岡市内でクリニックを開業する、臨床心理士の言葉です。

彼は被災者のカウンセリングにも携わっている経験から「震災後の様々なこころの症状や問題はそれ自体が、異常事態の中での正常反応だ」ととらえ、その多くが「回復」や「解決」への行動だと指摘します。たとえば、津波に遭った子供たちの間で〝津波ごっこ〟という遊びが流行ったのも

「収まりきれないほどの強い体験を子どもなりに整理、解消しようとする力の表れ」なのだと。

　それゆえ「苦しみ」や「こころの傷つき」は「生きようとする強い意志」の証明であり、たとえ「絶望し動けていないように」見えても、それは「逃げている」のではなく「心身を休めてエネルギーを蓄えているのだ」と説明します。

　被災者をはじめ「苦しみ」や「こころの傷つき」を抱える人にとっては、励ましとなる言葉でしょう。と同時に、そういう人に寄り添いたい人にとっては大いに参考にできる言葉なのでは。というのも「心のケア」のプロとして、彼はこう言います。

「被災した方々を〝傷ついた弱者〟と見るのではなく、過酷な状況を日々生き抜いている方々として、尊敬の念を抱く、という援助する側の姿勢が強く求められていると考えています」

　同情より尊敬――そんな気持ちが大事だというわけです。たしかに、ほとんどの人間は褒められたほうが伸びるもの。同情は癒しになるかもしれませんが、尊敬されてこそ、人は自信を持てるのです。

▼遠藤誠

「人間一人が、全くやってないことで殺されかかっている！　そこで私は、平沢さんの弁護団に加わった」

（『帝銀事件の全貌と平沢貞通』現代書館）

遠藤誠は、宮城県大河原町出身の弁護士です。戦後の混乱期に起きた帝銀事件では、長年にわたって冤罪を主張していた死刑囚・平沢貞通の4代目弁護団団長を務めました。

平沢が高齢による衰弱で、仙台拘置支所から八王子の医療刑務所に移送された際、初めて面会したときの印象を、彼はこう綴っています。

「九十三歳の老翁は〝遠藤先生ですか〟と言って、じいッと私の眼を見つめた。美しい、済んだ眼であった。（略）そして、やせこけた手の平を、金網張りのガラスに、内側から押しつけて来た。私も、外側から手を押しつけた。眼と眼が、合った」

遠藤の父は日中戦争で戦死しており、そこから彼は国家権力というものに批判的な立場をとり続けます。平沢の弁護に加わったのも、真犯人の候補として元軍人が浮上し、それを隠蔽しようとした巨大な動きが背後に感じられたことが大きかったようです。

また、暴力団対策法をめぐっては、山口組の弁護人を無償で引き受けるかわり、組員たちに「弱気を助け、強きをくじく」という任侠道を説き、それが後年、阪神大震災で山口組が炊き出しをすることにつながった、とも。そのほか、獄中作家・永山則夫や〝オカマの健さん〟こと東郷健の弁護人も務めました。

晩年はテレビにもよく出演していて、人情味あふれる硬骨漢という雰囲気でした。情の濃さと反骨精神、それはまた、東北人らしさとも重なるものでしょう。

▼石川遼

「自分のゴルフのために使うお金は十分足りているし、まだ蓄えもある。獲得賞金は、自分だけのものじゃない。一番自分にとってプラスになるお金の使い方かなと思う」

(『日刊スポーツ』2011年3月31日付)

今回の震災では、有名人によるさまざまな支援方法も話題になりました。そのなかにあって、今季の獲得賞金全額を被災者に寄付すると宣言したプロゴルファー・石川遼。彼の実力なら、2億円前後になりそうですが、その金額に驚くより、こうしたやり方を選んだことに、なるほどと思わされました。

というのも、すでにあるお金を出すというのが過去的だとすれば、これから入るお金を出すというのは未来的な気がするからです。彼は、被災地の復興について「立て直すには長い戦いになる」とした上で「自分も一度にポンッというよりは、みなさんとずっと戦っていくんだという気持ちを形にしたかった」と説明していますが、震災の記憶を風化させないためにも意味のあることでしょう。

また、被災地の経済的復興には、被災地以外での経済活動の充実が必要だともいわれます。自分が稼ぐことで、稼げないでいる人たちを助けたいという彼は、それを個人レベルで、しかも大きなスケールで実現しようとしているわけです。

さらに「自分にとってプラスになる」というのも、まさにその通り。アスリートは成功すればするほど、目標を失いがちで、モチベーションを維持していくことも一流の条件だからです。

石川遼がブレない理由と愛される理由、それがこの言動からもうかがえます。

▼中居正広（SMAP）

「いい人だと思われんのもイヤだし、いい人を装ってんじゃゃねぇよって言われんのもイヤだ。でも、今回の事態はもう、俺の自分の評価とかを考えてる場合じゃないなって。いい子ぶってると思われたとしても、少しでもやろうって人が一人でも二人でも増えたらいいなって」

（『中居正広のSome girl' SMAP』ニッポン放送系　2011年3月26日放送）

最近は〝アイドル〟よりも〝司会〟としてのイメージが強い中居正広。目立ってなんぼのアイドルと、自分以外の人や物を引き立たせる司会との両立は、バランス感覚がないとできません。また、彼は売れっ子芸能人であるとともに、デビュー前からの地元の友達との交遊関係を大事にしていることでも知られています。この震災への対応も、そんな彼らしいものでした。

2億円の義援金を贈る一方で、友人やスタッフとチームを組み、お忍びで被災地へ。4月7日に福島県郡山市内の避難所を訪れ、ラーメンなどを振る舞い、菓子やタバコ、テレビゲームなどを差し入れました。もっとも、最終的には正体がバレ、ニュースになってしまいましたが、ちょっと感心させられたのは、有名人がボランティアをやることについての一本スジの通った考え方です。

じつはこの発言の5日前、グループとしての看板番組『SMAP×SMAP』でも、

「SMAPは、ボランティアは表立ってやったことはなかったけど、もう偽善だと思われるのは二の次、三の次」

と言っていた中居。つまり「偽善だと思われる」ことを前提としたうえで、やりたいからやる、というわけです。

誰かに施しをする、というのは、それくらい複雑でデリケートな行為。有名人に限らず、それがわかっているかどうかで、与える印象も大きく変わるような気がします。

▼三浦知良

「子供たちが元気で笑ってる姿に、僕ら大人も勇気づけられて、頑張らなきゃいけないって思うんでね。そういう子供たちが元気になれるように、僕らはサッカーで一生懸命頑張りますので、みんなで力を合わせてやっていきましょう」

（『ニュースプラス1いわて』テレビ岩手　2011年4月18日放送）

44歳の今もなお、現役を続けるJリーガー・三浦知良。3月29日に行われた震災復興支援チャリ

ティマッチでは、見事にゴールを決め、お馴染みのカズダンスを披露しました。そして、その約20日後には、岩手県の被災地を訪問して、地元の子供たちとサッカーで交流。そのあと、彼の口から語られた感想がこれです。

子供の元気な笑顔があるから、大人は頑張れるし、大人が頑張れば、子供も元気な笑顔でいられる――。まさにその通りなのですが、この言葉がより説得力を持つのは、彼が〝キング〟と呼ばれる大物だからという理由だけではありません。15歳で高校を中退して日本を離れ、ブラジルでプロになるという、誰もが無理だと思った夢に挑んだ知良少年。今なお現役でいられるのも、当時の気持ちが失われていない証拠でしょうし、そんな〝子供の心を持った大人〟が言うからこそ、いっそう心に響くのです。

童話『裸の王様』で、子供と大人は対照的なものとして描かれますが、こちらの王様にとってはそんなことはなく「みんなで力を合わせてやって」いける関係。一緒にサッカーをした子供たちは、カズという大人を身近に感じ「力を合わせてやって」いこうと心から思えたに違いありません。

▼村上春樹

「片桐さん、実際に闘う役はぼくが引き受けます。でもぼく一人では闘えません。ここが肝心なところです。ぼくにはあなたの勇気と正義が必要なんです。あなたがぼくのうしろにいて『かえるくん、がんばれ。大丈夫だ。君は勝てる。君は正しい』と声をかけてくれることが必要なのです」

（『神の子どもたちはみな踊る』新潮文庫）

現代日本を代表する作家であり、知識人である村上春樹。兵庫県で育った彼は、米国在住中に阪神大震災を知り、ショックを受けます。そして『地震のあとで』と題した連作小説を書きました。これはその五つめにあたる『かえるくん、東京を救う』に出てくる一節です。

いわゆる〝ネタバレ〟になりそうなので、詳しくは書きませんが、物語は平凡な中年男・片桐のもとに、突如、かえるが現れ、三日後に起こる予定の東京大震災を防ぐため、一緒に闘ってほしいと依頼するところから始まります。闘うといっても、どう闘えばいいのかわからないという主人公に、かえるはこう説明しました。

とまあ、地震をめぐるファンタジー風の小説なのですが、いきなりヘミングウェイやドストエフスキーが出てきたりして、けっこう難解。しかし、この台詞はいたってシンプルな人生の真実を表現している気がします。ともに闘うというのは、こういうことなのだろうと。さらに、自分のような「平凡な人間」が「どうして東京を救わなくてはならないんでしょう？」ときく主人公に、かえるはこう言いました。

「あなたのような人にしか東京は救えないのです。そしてあなたのような人のためにぼくは東京を救おうとしているのです」

これまた深い台詞だと思うのですが、いかがでしょうか。

▼イ・アナン

「その後に専務は自宅に降りてった。屋根に逃げてたけど流され、すぐに見えなくなってしまった。助けてくれなきゃ、私たちは死んでました」

（『日刊スポーツ』2011年3月24日付）

イ・アナンは、中国の大連出身で、宮城県女川町の水産加工会社で働いていた女性研修生。異国で大地震に遭い、津波という未知の恐怖におびえていたところを救ったのは、佐藤充専務の的確な指示でした。中国人研修生20人を、神社に避難させたあと、自宅の様子を見に行き、津波の犠牲に。その行為は中国で大きく報じられ「殺身成仁」（自身を殺しても仁を成す）という孔子の言葉を引き合いにして、賞賛されたそうです。

兄でもある佐藤仁社長も「女川町全体で162人もいた中国人が全員無事だったのは奇跡だ」と振り返りますが、あるいは中国人だからこそ助かったのかもしれません。外国から来た若い女性たちをこんなところで死なせるわけにはいかない、という日本人としての責任感。それが、彼女たちをまず助けるのだという思いに結びついた気がするのです。

なお、専務にも、東京でＯＬをしている娘がいるとか。そのとき、彼は心を、中国にいる研修生たちの親の気持ちに重ね合わせていたのかもしれません。

▼村松友視

「抑制ばかりしないで本音を叫んでもいいのに……という被害者への意見も正しいと思うが、その抑制に叫ぶよりも強いエネルギーを感じるのもたしかなのだ。抑制の底には、自分よりも悲惨な状態にある人々への配慮が沈んでいるのであり、叫べとすすめるよりいま私たちがするべきことは、その抑制の心の奥にあるけしきを想像することであろう」

（『トランヴェール』２０１１年６月号）

『私プロレスの味方です』『時代屋の女房』などで知られる作家・村松友視は、妻が岩手県湯田町の出身。東北人のこの震災への向き合い方にも理解があり、一関市のジャズ喫茶「ベイシー」の名物マスター・菅原正二から聞いたという、こんな言葉も紹介しています。

「陰極まれば陽って気分、これジャズの気分なり」

村松は「この吹呵の内側に本当の恐怖や不安や混乱がうずまいているのはあきらか」なのに「それをそのまま外に向けぬのも彼らしい思いやり」だとして「その抑制に叫ぶよりも強いエネルギーを感じる」と言うのです。

じつはこの号の『トランヴェール』では、山形県鶴岡市出身の作家・佐藤賢一も、こんな話をしています。東北人が口を大きく開けずにしゃべるのは、冬の寒さから身を守ろうとするゆえであり、「厳しい自然環境のなか、静けさは生き抜くための知恵なのである。いいかえれば、東北の静けさは強さだ」

と……。おそらく、村松のいう「自分よりも悲惨な状態にある人々への配慮」も、誰もが厳しい環境で生きているのだという実感に由来する「静かな強さ」のあらわれなのでしょう。

東北に住む者として、村松のような理解はありがたいものです。多くの人が「抑制の心の奥にあるけしき」を知っていてくれたら、東北人は東北人らしく前に進むことができるはずですから。

そして――。東北人に限らず〝顔で笑って心で泣いて〟的な生き方をしている人はいます。そういう人の「抑制の心の奥にあるけしきを想像」することも、意味のあることでしょう。口にできないほどのつらさを抱える人には、そうすることで「よりそう」しかないのです。

▼野口健

「避難所で〝たばこを持ってきた人は、あなたが最初〟と言われた（笑い）。一服して、ストレスがかかる毎日を少しでも忘れてほしい。あ！　お酒を忘れた！　ウイスキーを飲めば、夜は体が温かくなるのに」

（『日刊スポーツ』２０１１年３月24日付）

世界的登山家であり、富士山の清掃活動などでも知られる野口健。岩手県陸前高田市の避難所を訪れた際、彼が届けた物資はなかなか気のきいたものでした。寝袋４３０個に、マット１００枚、寝袋の中に敷くインナーシート１００枚。寒さの恐怖を知ればこその発想です。

さらに、途中のサービスエリアでたばこを2カートン買ったとか。

「寒い夜は朝まで長くてつらいから、ノイローゼになる。それに加えて、肉親や家をなくしているわけだから、精神的なダメージはすごいはず」

と、避難者の心の〝寒さ〟を気遣ってのことでした。

心身ともに極限状態にある人が、何を必要としているのか。彼は登山家としての経験から、自分なりの答を見つけたわけですが、この方法論、参考にすることもできそうです。自分がつらかった経験を思い出し、つらい人の身になって考える、要は〝想像力〟の問題なのですから。

▼池田暁子

「被害の大きさから考えて復興には長い時間がかかるのではと思うのですが　報道が減るにつれてだんだん忘れて　またもと通りボンヤリ暮らしてしまいそうで怖い　さしあたって〝募金箱を見るたびに必ず小銭を入れる〟というきまりにして　報道が減ってきても覚えていられるように備えています」

（『週刊文春』２０１１年４月28日号）

ほのぼのとした絵と文章が魅力のイラストエッセイ『人生モグラたたき！』。池田暁子はそのなかで、愛媛の実家が伊方原発の20キロ圏内にある事実を、この震災で知り、当事者意識を持つようになったと書いています。

この連載は、生活実感というものがいつも見事に表現されているのですが、身近な危険に案外気づいていない、というのも、そんな生活実感のひとつ。そして、記憶が風化しやすい、というのもまた、そのひとつでしょう。

もっとも、危険ばかり気にしていては生きていけないし、忘れることで楽になれることもいっぱいあります。大切なのはたぶん、気づくべき危険に気づき、忘れるべきでない記憶を忘れないということ。この発言には、後者に対する彼女の工夫が述べられていて、なるほどと感じました。

楽天性という人間のよき本能にも、ときには抗ってみる必要があるのかもしれません。

▼坂本勝利

「俺の顔見たら泣くんだよ。牛は目が可愛いんだよ。一頭一頭違うんだ。人間と同じだよ。（略）もう売り物にならないことは分かってるけど、そんなことは関係ねえ。見捨てられないよ」

（『週刊文春』２０１１年4月14日号）

震災の被害者、それは人間だけではありません。家畜やペット、魚に海藻、草や木。ただし、救助も避難もまずは人間が優先されますから、他の生き物と共棲する人にとっては、身を引き裂かれるようなつらさを味わうことにもなります。

福島第一原発から約8キロの富岡町内で肉牛を飼うこの73歳の酪農家は、20頭の牛たちを死なせないために、危険を冒して戻り、エサと水を与えました。彼いわく、同業者のなかには「せめて放しておけば、牛が生き延びる」と考え、実行した人もいるそうです。さらに、「名前は言えないけど、新聞に毎日のように〝行方不明〟で出ている畜産農家の人は、避難せずにまだ残っているよ」

とも。世間を欺くことまでして、家畜を守ろうとしているわけです。

他の生きものを飼ったり、育てたりということ自体、自然からは逸脱した行為とはいえ、そうする人たちの大多数は愛情を持って接しています。だからこそ、生きものたちが住みやすい自然を守ろうとする思いも強いのです。この酪農家も、愛するものを巻き添えにしてしまった責任を痛切に感じ、惨事の再発を危惧します。

「東電に新たな原発なんて絶対作らせない。プルトニウムが爆発したら東京も終わりだからね。（略）社長が泣いているらしいけど、泣いてる場合じゃないだろ。国破れて山河なしになるんだよ」

町会議員を長く務めたというこの人は、批判する言葉を持っています。が、そういうやり方が苦手で、言葉にできない叫びを心のなかであげている人も多いはず。そして、叫ぶこともできない他の生きものだっていっぱいいることを忘れるわけにはいかないのです。

みつめる

ユネスコの世界遺産に平泉が登録され、話題になりましたが、岩手にはもうひとつ『遠野物語』という文学的な遺産があります。民俗学者の柳田國男が遠野出身の民話蒐集家・佐々木貴善の協力により、現地に伝わる怪談などを紹介したもので、柳田は遠野を「神話が今現実に生きて居るような国」だと評していました。

もっとも、それは遠野だけでなく、東北全体を指す言葉でもよいかもしれません。青森にはイタコの風習があり、岩手では金田一京助がアイヌ文化に光を当て、山形は妖怪研究家の井上円了を輩出……。日本の他の地域より、近代化が遅れ、その分、自然と一体化して生きてきたこの地では、近代文明が見えなくしたものを自然のなかに見て、畏れ敬うという傾向が明治以降も色濃く残されたのです。

これについて、文芸評論家で〝みちのく怪談プロジェクト〟を立ち上げている東雅夫は「東北特有の幽明両界の距離感」という言い方をしています。そして、日本人は本来、「怪異や天変地異を筆録し、語り演じ舞い、あるいは読者や観客の立場で享受するという行為によって、非業の死者たちの物語を畏怖の念とともに共有し、それらをあまねく世に広めることで慰霊や鎮魂の手向けとなすというういとなみを、営々と続けてきたのであった」

とも。つまり、見えないものを見て、畏れ敬うことは、慰霊や鎮魂にもつながるわけです。幸い、東北人はその能力に長けています。いや、そればかりか「見えないものを見る」ことを続けてきたおかげで、ふだんは見えづらい「真実」を「みつめる」ことも、じつは得意な気がするのです。

「大切なものは、目に見えない」

これは、サン＝テグジュペリの童話『星の王子さま』に出てくる台詞です。ここで紹介する言葉から、あなたにとって「大切なもの」が見つかりますように。

（参考文献『仙台学』vol.11）

▼高橋竹山

「わたしが困っているときに、はげまし助けてくれたのは、わたし同様に貧しい人、いやしめられている人、しかし心のやさしい人たちだった。そうした人たちこそホントの人間といえないだろうか。世間という学校からわたしは、人間を見る眼をもらった、と思っている」

（『高橋竹山に聴く――津軽から世界へ』佐藤貞樹　集英社新書）

青森県平内町が生んだ津軽三味線の名手・高橋竹山は、十代半ばで門付け芸人となり、北海道や北東北を回りながら生計を立てました。22歳のときには、たまたま宿泊していた三陸の旅館で昭和の大津波に遭い、九死に一生を得るという経験もしています。

そんな苦労から、彼が学んだのが、

「自分の力で生きる、とはたいへんなこと」

「弱い者いじめをする人は（略）自分が弱いものだから、自分より弱い者をいじめる」

という世間の真理でした。これは生きていくうえで、誰もが大なり小なり学ぶことでしょうが、彼の口から「人間を見る眼をもらった」という言葉が語られると、なんともいえない重みを感じてしまいます。何せこの人、麻疹のため、3歳で失明。貧しい障害者として、さまざまな差別を受けながら、大家となったのですから。

そして、彼の「人間を見る眼」は、その音楽の魅力とも無縁ではなかったはずです。77歳のとき、米国公演を成功させた際『ニューヨーク・タイムズ』はこう評しました。

「氏の音楽は、まるで霊魂探知器ででもあるかのように、聴衆の心の共鳴音をたぐり寄せてしまう」

心で心を見ることができるからこそ、そういう演奏が可能だった、そう思えてならないのです。

有名になってから、ファンでもある眼科医にあなたの目は治ると言われ、手術を勧められたこと

もありましたが、

「ぼんやりとしか見えない光でも、光がわかるだけでありがたい」

と言って、彼は断りました。「ものを見る目」がなくても「人間を見る眼」があれば十分、という気持ちだったのかもしれません。

▼佐高信

「ローソクの灯に私などはなつかしさをおぼえる。しかし、甥の子どもたち（中学生）は恐怖にかられるのだった。小さい時から闇に慣れていないのである。言うまでもなく、闇が深ければ深いほど、光もその重みを増す。闇の中で眼を凝らし、光にではなく闇に抱かれて何事かを考える時間をもつことは必要であり、貴重である」

（『週刊金曜日　臨時増刊』２０１１年4月26日発行）


山形県酒田市出身の佐高信は、辛口の評論家として知られています。その基本精神は、たとえば司馬遼太郎の英雄主義的な歴史観を批判し、藤沢周平の庶民寄りの目線を評価したことにもあらわれていますが、この文章もニーチェのこんな言葉から書き起こされます。

「昼の光に夜の闇の深さがわかるものか」

そして、彼はこう言うのです。

「原子力発電を含めて、現代文明はいわば〝昼の光〟である。それが〝夜の闇〟を征服したと錯覚した時に強烈なドンデン返しを食らったというのが今度の震災に続く原発事故なのではないか」

震災当時、盛岡に滞在していた彼は、姉の家で停電による闇を怖がる甥たちを見て「闇に抱かれて何事かを考える」ことの重要性を実感しました。

そういえば、震災翌日から東京で『レンブラント　光の探求／闇の誘惑』という展覧会が催され、人気を集めたとか。闇の中に光を浮かび上がらせるというこのオランダの画家の世界が「ローソクの灯」にも似た魅力となり、震災で疲れた人たちには癒しに感じられたようです。

闇の中で光を求めるというのが、本来の人間の姿。誰も、光だけに包まれて生きていくことはできません。

▼狩野英孝

「父親がまだ元気だから大丈夫、と後継ぎを正直考えてなかったんですが、どんどん年を取っていくし、今回の地震ですごく心配になりました。責任を強く感じます。いつまでも子供ではいられない」

（『日刊スポーツ』２０１１年３月22日付）

「ラーメン、つけめん、僕、イケメン」の一発ギャグで知られるピン芸人・狩野英孝の実家は、宮城県栗原市で1500年もの歴史を誇る桜田山神社です。震災では震度7が記録され、灯籠が倒れたりしましたが、それ以上に彼の心が揺れ動きました。由緒ある家の長男として、跡を継ぎ、第39代宮司となる決意を固めたというのです。

注目すべきは「いつまでも子供ではいられない」という言葉。彼の29歳という年齢は、法律上は立派な大人ですが、平均寿命も延びた今、親が元気だったりすると、子供気分がなかなか抜けないものです。しかし、未曾有の震災という想定外の出来事が、彼をして現実を見つめさせ「いつまでも子供ではいられない」という気持ちに変えました。

「まずは資格をゲットしたい。資格を取れれば、父親も安心してくれると思う」

試練は人の自立をうながし、成長させるようです。

▼志賀直哉

「今の科学は段々地球からはみ出して来たような感じがして私は不安を感じるのである。（略）己の分を知るというのは個人の場合だけの事ではない。人間のこの思い上りは必ず自然から罰せられる。既に人間はその罰を受けつつあるのだ。私にはそう思える。人間がいくら偉らくなったとしても要するにこの地球上に生じた動物の一つだということは間違いのない事だ」

（『志賀直哉随筆集』高橋英夫編　岩波文庫）

〝小説の神様〟と謳われた志賀直哉は、宮城県石巻市の生まれです。父親の仕事の関係で、2歳のとき、東京に移りましたが『城の崎にて』などの優しさと冷たさが交錯する自然描写を見ると、田舎で生まれたことが何かしら影響しているのではとも感じます。

この随筆のなかでも「私は科学の知識は皆無といっていい者だが、自然物を身近く感ずる点では普通人以上であるという自信があり」と言っていて、たとえば、戦争について、

「動物の世界も弱肉強食で、生存競争はなかなか烈しいが、何かその間に調和みたようなものも感じられ、人間の戦争ほど残忍な感じがしない。つまりそれは自然の法則内の事だからかも知れない」

と、分析しています。そして、

「人間は動物出身でありながら、よくぞ、これまで進歩したものだという事は驚嘆に値するが、限界を知らぬという事が人間の盲点となって、自らを亡すようになるのではないか。総ての動物中、とび離れて賢い動物でありながら、結果からいうと、一番馬鹿な動物だったという事になるのではないかという気がする」

こう警鐘を鳴らしました。

ちなみに、これが書かれたのは今から61年前。しかし、当時よりさらに、身につまされる気がします。小説の神様は、未来を見通せていたということでしょうか。

▼ビートたけし

「この震災を〝2万人が死んだ一つの事件〟と考えると、被害者のことをまったく理解できないんだよ。（略）そうじゃなくて、そこには〝1人が死んだ事件が2万件あった〟ってことなんだよ。（略）そう考えれば、震災被害の本当の〝重み〟がわかると思う。2万通りの死に、それぞれ身を引き裂かれる思いを感じている人たちがいて、その悲しみに今も耐えてるんだから」

（『週刊ポスト』2011年4月1日号）

映画監督・北野武としても有名な人ですが、芸人・ビートたけしの本領は、世間的なものの見方にチャチャを入れ、常識を超えた真理とでもいうものを示すところにあります。災害の大きさを、死者の数だけで考えるのは「死者への冒瀆」であり「本来〝悲しみ〟っていうのはすごく個人的なもの」だとして、彼はこう言いました。

「被災地のインタビューを見たって、みんな最初に口をついて出てくるのは〝妻が〟〝子供が〟だろ。一個人にとっては、他人が何万人も死ぬことよりも、自分の子供や身内が1人死ぬことの方がずっと辛いし、深い傷になる。残酷な言い方をすれば、自分の大切な人が生きていれば、10万人死んでも、100万人死んでもいいと思ってしまうのが人間なんだよ」

やや毒舌がかっているものの、人間心理の本質を見事に突いた言葉です。

そして、２万件も同時に死亡事故が起きたのだから、日本中が重苦しい雰囲気になるのも当然としつつ、これは「日本人がいかに〝死〟を見て見ぬふりしてきたかという証拠」でもあると指摘します。安全で健康な長寿社会の実現により、日本人は死の実感から遠ざかり、そのショックに対し不慣れになってきたのだ、と。

ちなみに、たけしはアメリカ同時多発テロ事件でも「数だけで語ることはこわい」と、同じ意味の発言をしました。とはいえ、彼にとっても、大多数の日本人にとっても、この震災のほうが身に迫るものでしょう。彼は「こういう大変な時に一番大事なのは〝想像力〟」だと言いますが、より想像しやすいのが、この震災だと思うのです。

ここは大いに想像してみるべきかもしれません。この「想像」は、新たな世界の「創造」にもきっとつながるはずですから。

▼川端康成

「死にはせぬかのせつなさにくらべたら、死んでしまった悲しさの方が、どんなに楽かしれないのであります」

（『父母への手紙』講談社文芸文庫）

１万５千を超す命が奪われたこの震災では、５千もの人々が今も行方不明となっています（２０

11年7月現在)。その大多数は沿岸地区にいて大津波に襲われたわけですし、当時の気象条件から考えても、生存の可能性は低いと見るほかありません。

しかし――。死亡が確認されるまでは、あるいはこの目で遺体を見るまでは、大事な人がこの世にいないという現実、なかなか受け入れられるものではないでしょう。太平洋の島に潜んで、何十年もたってから帰国した元日本兵のように、奇跡の生還をしないとも限らない……そんな希望ともいえないほどの儚い願いを抱きつつ、絶望のなかで暮らすというのは、いったい、どういうことなのか。その一つの答といえそうなのが、ノーベル賞作家によるこの文章です。

幼い頃、両親や兄弟をたて続けに亡くした川端康成は、14歳で最後に残っていた肉親である祖父と死に別れました。そのいまわの際の様子が忘れられず、何度も同じ夢を見てしまうという話が、この自伝的小説に書かれています。

「〝なんだか祖父は死にそうだ。死んでくれなければいいが〟という思いがだんだん強まって来て夢を破り、私を目覚めさせるのであります。目尻には涙が流れておりますが、しばらくして、祖父はもう十年も二十年も前に死んでしまっているのだと気がつくと、ほっと安心するのであります」

そんな経験ゆえに「死にはせぬか」より「死んでしまった」のほうが「どんなに楽か」というわけです。

大事な人を亡くすのはつらいことですが、ほとんどの場合、どこかで踏ん切りをつけ、前に歩き出すことになります。しかし、助かるかもしれない、どこかで生きているかもしれない、といった期待を抱いているときは、たとえ絶望的であっても、踏ん切りのつけ方がより難しいのではないでしょうか。

人の別れにはいろいろな形がある――そのなかでも、行方不明という別れの「せつなさ」は、死別の「悲しさ」をときに超えるものかもしれません。

▼岡田桂子

「しかしその緊急時にもじょうずに食事をしていた人もいました。そういう人たちは便秘などの不調はなく、ほぼ健康で過ごしていました。もともとの体力気力の違いもあるのでしょうが、震災という緊急時において〝食知識の実践〟によっての分かれ道（健康か否か）があるのが見えた気がします。というのも、緊急時こそ食生活の違いが健康に大きく影響するからです」

（『栄養と料理』1996年1月号）

空腹は最高の調味料――『ドン・キホーテ』で知られるスペインの作家・セルバンテスの言葉だそうですが、現代人にとっては、必ずしも当てはまるとは限りません。阪神大震災の直後、避難所では、空腹なのにおいしく食べられない人が続出しました。

当時、神戸市衛生局健康増進課の管理栄養士だった岡田桂子は、便秘の症状を訴える人が多いにもかかわらず、その解消につながる野菜や果物がかなり残されてしまっている食事情を目撃します。

「疲れて気力もないので、ついつい食べやすいものを選び、食べたくないものは残してしまうのです」

「たとえば箸がないから、手が洗えないから、といって食事に手を出さない人がいました。りんごも洗えないから、と食べない……」

そんな光景に、彼女は衝撃を受けました。そして、これほどの震災が起きても「結局〝飢え死に〟は表面的には出なかった」ことを「日本の豊かさの証明」だとしながらも、注意をうながしたのです。

「本来、生死ギリギリの状況では〝どんな形でもいい、たとえ手づかみでもいいから食べられるものをとにかく食べよう！〟という姿勢が基本です。生き物として当然のこの本能が希薄になっているようで怖ろしく感じたのでした」

以前、医療関係者が「最近の子供は〝食べないと死ぬ〟ということがわかっていない」と嘆いているのを耳にしましたが、それはもはや子供だけの問題ではないのかも……。いざというとき困らない、いや〝死なない〟ために、空腹は最高の調味料、という本来の感覚を取り戻し、大事にしていきたいものです。

▼星新一

「ブラッドベリという作家の小説のなかに〝生きていていいなと思うのは、ちょっとした季節

の感じとか、夏の氷水ぐらいかな〃というせりふがある。主人公が平穏な人生の男だと、それでわかる。しかし、春の訪れが楽しいのも長い冬があればこそで、氷水がおいしいのも夏が暑いからこそだ。世にいやなことがあって、そのあとに幸福感が存在する」

（『きまぐれ暦』新潮文庫）

星新一の父・星一は、福島ゆかりの人です。いわき市出身で、東洋一の製薬会社と謳われた星製薬を起こし、国会議員を務めたり、星薬科大学の前身となる学校も作ったりしました。また、同県人の野口英世や〝化学兵器の父〃と呼ばれたフリッツ・ハーバーへの経済的援助も行っています。しかし、晩年には事業が傾き、跡を継いだ息子はさんざんな辛酸を嘗めたあげく、作家に転向することに。星のショートショートには、優しさと残酷さとが同居していますが、そこには父との関わりを通して、人生の天国と地獄を見せられたことも影響しているのでしょう。

そんな星らしい人生観がうかがえるのが、この文章。小説を書き終わり、ウイスキーの水割りに口をつける瞬間ほど「幸福感をおぼえる」ものはないとして「なぜそんなに楽しいかといえば、いうまでもない。執筆そのものが大変な苦痛だからである」といっています。

そして「それから二人は、いつまでもいつまでも、しあわせに暮しました」で結ばれがちな童話のその後を想像して「ほどほどの苦痛」がないと「ぼけてしまうか、退屈でやりきれなくなる」のではと、彼らしい皮肉を向けようとするのですが……。こんな結論に達して、思いとどまるのです。

「二人は大冒険、大悲劇という共通体験を持っている。ぬるま湯のような状態のなかにあっても、それを話題にしさえすれば、過去の大苦痛の思い出がよみがえり、たちまち幸福感にひたれるというわけである。まったく、うらやましい限りだ」

童話とは少し違うかもしれませんが、今回のような震災に遭い、生き延びて立ち直ろうとすることも「大悲劇」であり「大冒険」でしょう。だとすれば、平凡な生活に戻れたとき、その「大苦痛の思い出」が、幸せな気持ちを運んでくれる可能性もあるわけです。人間の幸福感とは、そういうものなのですから。

▼藤沢周平

「人はみな失敗者だ、と私は思っていた。私は人生の成功者だと思う人も、むろん世の中には沢山いるに違いない。しかし、自己肥大の弊をまぬがれて、何の曇りもなくそう言い切れる人は意外に少ないのではなかろうかという気がした。（略）失敗の痛みを心に抱くことなく生き得る人は少ない。人はその痛みに気づかないふりをして生きるのである」

（『ふるさとへ廻る六部は』新潮文庫）

山形県鶴岡市の出身で、自らの時代小説にも故郷を色濃く投影させた藤沢周平は、晩年、東北への想いをさらに深めていきました。これは『啄木展』と題された随筆の一節。自律神経失調症の発作にビクビクしながら、都内で開かれた、岩手県ゆかりの歌人・石川啄木の展示会に出かけた彼は「借用証書」や「書簡」「女性たちの写真」などの資料を眺めながら「啄木の人生は失敗の人生だった」という感慨にとらわれます。

そして、それこそが啄木人気の秘密であり、小説家になりたかった啄木があまり重きを置かなかった短歌のほうで支持されている理由だというのです。つまり、世の中には「失敗の痛み」を抱えながら生きている人が多くいて、

「そういう人間が、たとえば『一握の砂』の中の〝友がみなわれよりえらく見ゆる日よ花を買い来て妻としたしむ〟といった歌を理解出来るのではないかと思った」

と。

おそらく、ここでいう「理解」とは「共感」と同じ意味でしょう。さらにいえば、藤沢のこの指摘は、文学と人間とをめぐるある関係性についての示唆でもあります。つまり「失敗の痛み」による弱気をまぎらわそうとした啄木の切実な言葉が、のちの世の同輩たちの心を癒しているわけです。

藤沢文学も、またしかり。東北の〝言葉〟にはそんな力も秘められているのです。

▼将棊面誡

「早野氏は、開口一番〝優秀な医者はたくさんいるでしょうが、患者は診るけれど、人間を診ていない〟と怖いことをおっしゃった。〝先生には、人間を見てもらい、人間を生かすことを

担当していただきたい〟とも言われた」

（『無医村に花は微笑む』ごま書房）

三陸沿岸で〝陸の孤島〟とも呼ばれた岩手県田野畑村を、こよなく愛した作家・吉村昭に『梅の蕾』という短編があります。無医村に赴任した医師一家と村民の交流を、村長の視線で描いたもので、作者自身が読みながら泣いてしまうと語っていたほど、心打つ作品です。

そのモデルとなった医師が、将基面誠。千葉県がんセンター婦人科医長という地位を捨て「医者がいなくて苦労しているところで働いてみたい」と、田野畑村の診療所長となり、19年にわたって勤め上げました。そんな〝現代の赤ひげ（本人はこうよばれることを嫌っていますが）〟をして「傑物」と言わしめたのが、赴任当時の村長・早野仙平です。

岩手出身の第70代首相・鈴木善幸にも一目置かれたという早野は「企業誘致して金が入ってきても、使い道を知らなければ人間は堕落する」という哲学を持ち「村づくりは人づくり」だと言っていました。それゆえ、医療にも「人間を見て」「人間を生かす」ことを求め、将基面はそこに瞠目させられたのです。

ただ、赴任直前に、将基面の妻が血液の難病であることが判明し、赴任して7年目に45歳で亡くなってしまいます。葬儀は千葉県内にある将基面の自宅で行われましたが、そこには村長だけではなく、200人もの村民がマイクロバス7台に乗って駆けつけました。『梅の蕾』でも印象的に描かれるその場面こそ、将基面と早野、そして村民たちとが「人間」同士の絆で結ばれていたことの証しなのでしょう。

さらに付け加えるなら、将基面が赴任を決めた理由のひとつは、田野畑村の美しい自然であり、それが早すぎる晩年を迎えていた妻の心も癒したことです。「人間」と「自然」……その融合こそが豊かな生につながることを、このエピソードは示しています。

▼吉野せい

「一人の子を生むのさえ人間はおおぎょうにふるまいますが、一羽のこの地鶏は何もかもひとりでかくれて、飢えも疲れも睡む気も忘れて長い三週間の努力をこっそり行なったのです。自然といいきれば実もふたもありませんが、こんなふうに誰にも気づかれなくともひっそりと、然も見事ないのちを生み出しているようなことを、私たちも何かで仕遂げることが出来たら、春は、いいえ人間の春はもっと楽しく美しい強いもので一ぱいに充たされていくような気がするのです」

（『土に書いた言葉　吉野せいアンソロジー』山下多恵子編　未知谷）

福島県いわき市が生んだ異色の作家・吉野せい。彼女は生涯の大半を農民として生活し、古希を過ぎてから文筆で世に出ました。もともと文学少女で、創作も行っていたのですが、詩人の三野混沖との結婚を機に筆を折り、貧困に堪えながら、夫を支え、子を育て、老境に入ってようやく書く自由を得たのです。

『春』と題されたこの作品には、狐に襲われて死んだと思っていたにわとりが、21日後、11羽のひよこを連れて戻ってきた出来事が綴られています。これが感動的なのは、4人の子を産み、しかしそのうち一人を病気で死なせてしまった経験を持つ母としての実感が満ちあふれているからで、彼女もまた「いのち」を生み出そうとして懸命に生きた人だったわけです。

農業というものも「いのち」を生み出そうとする活動ですから、彼女は農民であることに誇りを持ち、農民こそが春を「楽しく美しい強いもの」にしていくのだと確信していたようにも思われます。かといって、驕るわけでもなく、別の作品（『私は百姓女』）では、

「大地を相手の祈り一すじ、自分自身のかぼそい努力に報われてくる応分の糧を授かりたい」

というつつましい美学も披露しています。

それにしても、34年前に亡くなった吉野が、放射能に汚染された今の故郷を見たら、どんな文章を書くでしょうか。彼女の末裔たちは「大地」を失い「かぼそい努力」をすることも許されず「楽しく美しい強い」春など、当分望めそうにありません。

しかし、そんな今だからこそ、彼女の言葉を噛みしめたいのです。いのちがいっぱいの春を取り戻すために。

つたえる

「此処より下に家を建てるな」

古い石碑に記された先人の文章のおかげで、津波の被害を最小限にとどめた集落が、岩手県宮古市にあります。明治、昭和の二度の大津波で壊滅的打撃を受けたその集落の人々は、昭和の大津波（1933年）以降に建てられたと思われるその石碑の教えを忠実に守り、家を流されずに済みました。

言葉が持つさまざまな働きのなかで「つたえる」というものが、よく発揮された例といえます。話すにせよ、書くにせよ、人間独自のコミュニケーション手段として、その生活に寄与してきた言葉。もっとも、それが両刃の剣であることもおそらく誰もが知るところでしょう。

この震災でも、最先端のコミュニケーションであるインターネットが、安否確認や心のケアに有用な一方で、流言蜚語ももたらしたように、言葉で「つたえる」ことは「理解」を深めることもあれば「誤解」を生むことだってあるのです。

それでもなお、人間は言葉で何かを伝えようとします。福島市出身の詩人・和合亮一は、震災直後、福島原発から60キロ離れた家で、窓を閉ざしたまま、赤裸々で真摯な言葉をツイッターでつぶやき続けました。

「放射能が降っています。静かな夜です」「私は作品を修羅のように書きたいと思います」……

そこに、フォロワーからの好意的反響が寄せられたことで、彼は「正気を取り戻すことが出来るようになった」として、こう言うのです。

「私たちの精神を追い込むのも、救うのも〈言葉〉なのだ」

どんな言葉が、救いになるのか。「つたえる」ことの難しさはもちろん踏まえたうえで、この章ではその素晴らしさを感じてもらえたらと思います。

（参考文献『岩手日報』2011年4月3日付、『週刊朝日緊急増刊　朝日ジャーナル』2011年6月5日発行）

▼小泉武夫

「私は母親からいつも言われました。〝口に入る食べ物をつくっている人が一番偉いんだよ〟ってね」

（『南部杜氏の詩（バラード）』富樫茂　河北新報社）

小泉武夫は、福島県小野町の造り酒屋に生まれ、醸造学や発酵学の研究者になった人です。いわば〝学者センセイ〟ですが、母親からはこんなふうに言い聞かされていたとか。実際、僕もその通りだと思います。人間にとって一番困るのは、食べられなくなる、ということですから。

今回の震災でも、それを実感しました。近所のスーパーで米を買おうと客が殺到するなか、農家の方がこう言っていたのです。「うちは米なら、一年分あるから」。羨ましさとともに、東北という日本有数の農業地帯に住む安心を感じました。周囲に食べ物を作っている人がいる、ということが心強く思えたのです。

しかし、この震災は東日本の第一次産業に大きな痛手をもたらしました。これを機に、農業や漁業をやめる人がかなりいると予想され、今ですら40パーセントしかない日本の食糧自給率は、ますます下がることでしょう。さらに、日米間などの貿易自由化につながるＴＰＰ（環太平洋戦略的経済連携協定）に参加すれば、弱体化した日本の農業や漁業に勝ち目はなく、自給率は限りなくゼロへと近づいていくかもしれません。つまり、小泉の母のいう〝偉い人〟がいない国になってしまうわけです。

そうならないための努力を国もしていくこととは思いますが、まず大事なのはひとりひとりが、人間が生きるうえで食こそが基本だということを忘れないことではないでしょうか。基本というより、もしものときの〝命綱〟。それを失わないために、声を大にして伝えていきたいのです。「口に入る食べ物をつくっている人が一番偉いんだよ」と。

▼石ノ森章太郎

「何が正義で悪なのか判然としない〝シラケ社会〟で〝正義が必ず悪に勝つ〟という単純で大切なことを、子ども時代に意識の中に留めることは、意味のあることだ」

（映画『レッツゴー仮面ライダー』劇場パンフレット）

『サイボーグ００７』や『ＨＯＴＥＬ』といったさまざまな作品がアニメやドラマとなり〝世界一多作なマンガ家〟としてギネスブックにも認定されている石ノ森章太郎は、１９３８年に、今の宮城県登米市で生まれました。高校時代、映画を観によく通ったという石巻市には「石ノ森萬画館」が作られ、市内にある数々のフィギュアとともに町おこしにひと役買っています（同館もフィギュアたちも、津波の被害に遭いましたが、復興のシンボルとすべく、再開や再設置へ向け、努力中だそうです）。

そんな東北有数のマンガ家が世に送った作品のなかでも、今なお高い人気を誇っているのが『仮面ライダー』シリーズ。実写化を前提に企画段階から参加したこの作品に、彼は子供たちへの〝正義が必ず悪に勝つ〟というメッセージを託したといいます。つまり、子供たちの無垢な心に語りかけることで世の中を浄化していけるのではとの願いをこめたのでしょう。〝シラケ社会〟というのは当時の流行語ですが、40年後の今とて、大した変わりはなし。だからこそ、彼の死後も『仮面ライダー』シリーズや、やはり彼が生み出した〝スーパー戦隊〟シリーズが作り続けられ、支持されているのかもしれません。

そして、今の子供たちが無垢な心を持っているのも、同じです。この震災は、自然の怖ろしさや科学信仰の危うさとともに、困ったときは助け合い、自制や自律をしながら、あきらめずに活路を見いだしていく、という人間の美質についても、教えてくれました。それを他のどの世代よりも学んだ子供たちにとって、この震災による経験も「意味のあること」だったと思うのです。彼らの作っていく未来、大いに期待してよいのでは！

▼岩手県旧田老町防災担当者

「（てんでんこ、とは）一家全滅を防ぐためにバラバラで逃げよという意味ですが、実際には、すがりつく子供を振り払って逃げた後ろめたさを慰めるための言葉とも言われています。津波を逃れても、気がふれて燃える家屋に入っていく人が何人もいたとも聞きます。つまり、目の前に大津波が迫るというのは、そういうことなんです」

（『週刊文春』２０１１年４月14日号）

「てんでんこ（てんでんばらばら）」――岩手県大船渡市在住の津波災害史研究家・山下文男が世

に広めたこの言葉は、津波が来たら、他人のことなど構わずに自分だけで勝手に逃げろ、という意味だとされています。家も土地も一気に押し流し、大量死をもたらす津波に遭遇して、ひとりでも多く生き残るにはそうするしかないのだと。しかし、旧田老町（現・宮古市）で防災に携わったこの人物は、地域住民から、それだけではない深い意味があることを聞かされました。

自分は逃げられたとしても、家族や友人がそうできたとは限りません。大事な人の命が失われたとき、まるで見殺しにしてしまったかのような悔恨や罪悪感を抱く人も多いことでしょう。つまり、家も土地も命も押し流す津波から逃れたとしても、今度は自分の生を否定して、あとを追いたくなるほどの負の感情に襲われる可能性が大なのです。

そんなとき、津波では「てんでんこ」なのだから、それでよかったんだ、そうするしかなかったんだ、と言い聞かせれば、なんとか乗り越えていけるのではないか……。すなわち、てんでんこは人間の「体」だけでなく「心」も救うための言葉だ、というわけです。

ここで連想されるのは「間引き」という悲しい歴史です。しょっちゅう飢饉に見舞われた東北では、口減らしのために、嬰児をやむなく殺すこともありました。座敷わらしの伝説は、間引きされた子供が妖怪のようになって家のどこかをさまよっている、という幻想から生まれたともいわれます。

津波や飢饉の実害ばかりか、そこからもたらされる心の呵責とも闘い、乗り越えなくてはならなかった東北の人々。悲しみや苦しみに強いといわれる背景には「てんでんこ」に生きるしかなかった地域性が働いているのです。

▼遠藤未希

「6メートルの津波が来ます。早く高台に避難してください」

（『東日本大震災を乗り越えて　ともに生きる』ＰＨＰ研究所）

被災地のなかでも有数の甚大な被害を受け、千人を超す死者・行方不明者を出した宮城県南三陸町。しかし、その数は、この人がいなければさらに増えていたはずです。

役場の危機管理課に所属し、防災対策庁舎の2階で、町民に避難を呼びかける無線放送を続け、津波に呑み込まれた24歳の女性職員。彼女は昨夏入籍した夫と、今年9月に結婚式を挙げる予定でした。

「津波てんでんこ」の考え方でいえば、彼女だって逃げてよかったのかもしれません。が、職場での仕事ぶりや周囲の人物評から見て、彼女は「最後まで自分の職務を全うしようとした」のだと思われます。

放送を続けるあいだ、その胸中はどういうものだったのか――。職務上、津波に関する知識もあったでしょうし、沖から不気味に迫りくる津波の姿も確認できたはずです。そんななか、このまま死んでしまうのかもしれない、という恐怖はしだいに確信へと変わっていったことでしょう。

それでもなお、自分の命より、町民の命を救うことを優先させた彼女。その姿は、誰かのために何かを「伝える」ことの崇高な意味を痛切に感じさせます。「伝える」ことで、彼女は亡くなり、多くの人が助かったのですから。

▼福島第二原子力発電所所員

「わたしは今日所長から頂いた言葉に感銘しました。〝福島第一、第二原子力発電所所員に『人権なし!!』〟まさに今の私達はその通りです。今私達にできることは、一刻も早く原発を安定させることです。それまではマシーンのように感情を持たず、行けといわれれば行き、無理とされることもやります」

（本人のブログ　２０１１年3月16日）

原発事故の深刻さがあらわになってきていた3月なかばすぎ、原発所員を名乗る19歳の若者のブログがインターネット上で話題を集めました。

そこには、事故直後からの現場の混乱や必死の対応、さらには、東電及び福島原発への風当たりの強さを承知の上で、職務をこなそうとしている心情が綴られ、そこで働く人たちへの世間のイメージを変えるひとつのきっかけにもなったように感じます。

なかでも、このエピソードには、ショックにも似た感動を抱きました。死の恐怖を乗り越え、これ以上の惨事にしないよう戦い続けるには、これほどの覚悟が必要なのかと。もちろん「人権なし」とまで言い切ることには賛否両論あるでしょうが、自分たちの立場をそう規定して士気と結束のためにあえてここまで言った所長とその意図を汲み取り、感銘したという若者に、こちらこそ「感銘」を受けました。

なお、この文章の前には、原発への想いがこう書かれています。

「私は親父が1F（筆者註　福島第一原発のこと）で働いてきたこともあり、東電がこれまで地域にもたらしてきた功績がどれだけのものか、理解しているつもりで、地域住民としても感謝してきました。そんな身近にあって尊敬する福島の原子力発電所に入りたくて希望したわけです」

発生から数カ月たっても、終息していない原発事故。その現場でこうした人たちが戦っていることを、忘れたくありません。

▼藤波心

「これだけの状態になって、それでも、原子力が必要だって言ってる人は、失礼かもしれないけど、ある意味、もう、麻薬中毒みたいなもんだと思う。（略）よく麻薬中毒だった人が、インタビューとかで、少量の麻薬なら、自分の仕事の効率上げるためには必要悪なんだみたいな風に、自分に言い訳していた……。とか言ってたの思い出します」

（本人のブログ　2011年3月23日）

震災直後のような非常時には、思いがけないスターが生まれます。自身のブログで原発問題について、積極果敢に発言し〝反原発のジャンヌ・ダルク〟とまで呼ばれるにいたった14歳のアイドル・藤波心もそのひとり。高橋源一郎は「地震発生以来、ぼくが読んだもっとも知的な文章」、孫正義は「官房長官やら東大出の御用学者より（略）的確な意見をのべている」と、それぞれ絶賛しました。

その優れている点は、大人ほど先入観やしがらみを持たない分、物事の本質をまっすぐにとらえ、明晰な比喩などを用いて持論を展開するところにあります。この原発必要論者＝麻薬中毒者というたとえは、いささか過激ではありますが、納得する人も少なくないはず。また彼女は、近所の大病院が駐車場の混雑を解消すべく、駐車場を増やしたという試みになぞらえ、こんな話もしています。「駐車場不足が解消したのはほんの数カ月だけで、駐車場が増えたら、その分、みんな車で来る人の数が増えた!!（略）電力もこれに似ていると思う。ただ単に、容量増やせば、良いんじゃない。人間の欲望ははてしないから」

そして、ギリシア神話の〝パンドラの箱（神があらゆる災いを封じ込め、人間に与えたが、それを開けたために災いが飛び出し、最後に希望だけが残った）〟を引き合いにして、こう語るのです。「この希望ってなんなんでしょうかね…。これって、私は〝人間にとって、一番大切なもの〟を気付かせてくれるもの？　なんじゃないかなと思ってます…。（略）たとえば、電力減らそう法案とか、絶対、決まらないですよね（笑）各界から猛反対が起こるから。もし、お母さんに〝あんたお菓子ばっかり食べて勉強しないから、もうお菓子取り上げるわよ！！〟なんて言われたら、私だって、きっと猛反対すると思う。（略）でも、今、無理やり減りましたから。電力。（笑）お菓子無理やり減らされましたから（笑）これがまさに〝パンドラの箱の中に残された希望〟ではないかと私は思いたい」

僕も大いに同感なのですが……。さらにもうひとつ、彼女のような14歳がいるということも、大いなる希望だと感じます。

▼遠藤周作

「注意してほしい。私は畏れると書いて恐れるとは書かなかった。畏れると恐れるとのちがいを若い人は知っていない。〈編集部注〉恐れるとは権力などにビクビクすること、畏れるとは人間をこえた天とか神とか道とかに畏敬の念を持つことです」

（『勇気ある言葉』毎日新聞社）

新聞の連載エッセイの一節で、この回のタイトルは『地震、雷、火事、親爺』。毎回、最後に〈編集部注〉という文章が付け足されるきまりだったらしく、ここでは「恐れる」と「畏れる」の違いが説明されています。

日本におけるキリスト教徒の苛酷な宿命、といったテーマを好んで描いたこの作家は「今の若い世代にもっとも欠けているものは〝屈辱感に耐える〟訓練である」として、それゆえ「本当の大人」になりきれないでいると説きます。つまり「コワイ存在から屈辱を味わわされ、それを我慢」することで成長できるのに、その機会が失われているのだと。「コワイもの」がないから「畏れること」を彼等は知らない」というのです。

ただし、このエッセイが書かれたのは今から40年近く前。現代では「若い人」を「日本人」に置き換えても通用しそうです。同じく作家の司馬遼太郎は、バブルの頃、それまで土地とともに生きてきたはずの日本人が、地上げ屋に脅されるなどして、土地を転がし始めたことを危機的状況だと指摘していましたが、たしかに、バブル期あたりから、権力にはビクビクしても、人間を超えたものに畏敬の念を抱くことはめっきり減ってきた気がします。

ある意味、日本人全体が〝若造〟と化している、ということなのでしょうか。だとすれば、震災により、人間を超えたものを畏れることを知った今は、成長できるチャンスなのかもしれません。

▼安藤昌益

「自分自身で耕せ。租税を払うな。租税をとる殿様も百姓になれ。僧も儒者も商人も工人もその位置や業をすてて直耕の百姓になれ」

(『街道をゆく 3』司馬遼太郎 朝日文庫)

安藤昌益は、江戸中期の学者です。日本思想史の奇跡ともいうべきその主張は、封建主義を徹底的に否定し、のちの共産主義や無政府主義にも通じる過激なもので、藩や幕府による取締りを免れたのが不思議な感じさえします。

今の秋田県大館市の農家に生まれ、紆余曲折を経て、今の青森県八戸市に移り住んだこの人は、町医者として生計を立てながら「直耕」という思想を説きました。直に耕すもの——すなわち、農民の生活こそが人の道だとして、搾取階級である「士」はもとより「工」も「商」も、さらには「仏」や「儒」までも、人の道ではないと言い切ったのです。

彼の理想とする世の中では「君」も「民」もなく、もちろん「男」と「女」も平等。その思想は、原始的な素朴さに帰ろうとするものでもあり、未来的な成熟を先取りするものでもありました。

そして、この思想をわかりやすく意訳してみせた司馬遼太郎は、北東北、わけても八戸の地で、このようなものが育まれたことに、必然を見いだします。自然環境が苛酷な北東北はただでさえ、農民の生活が苦しかったうえに、成立の経緯上、土着性が稀薄だった南部八戸藩では農民がいっそう虐げられていたとして、そういうものへの反発心が、このような過激な思想へとつながったのではというわけです。

そういう意味で、この思想は権力への痛烈な抗議でもありました。おそらく、当時の八戸の人々にとって、たとえ夢物語にすぎないとわかっていても、ささやかな慰めにはなったことでしょう。

取締りを免れたということは、何らかの救済をそこに感じた人々が、隠れキリシタンのように大事に守り抜いたということかもしれません。

▼小笠原満男

「どう言葉をかけていいのか、自分自身まったく分からないのに、被災者の皆さんからは次々に励ましの言葉をかけていただいた。もともと口下手の自分が言葉で何かを伝えられるとは思っていなかったが、こうした経験を通して、自分の場合は言葉ではなく、やはり行動することだと思った」

（『ＡＥＲＡ緊急増刊　東日本大震災１００人の証言』２０１１年４月10日発行）

東北人には「無口」なイメージがあります。スポーツ選手も（最近はおしゃべりな人も増えてきた気もしますが）そういう印象です。Ｊリーガー・小笠原満男のこの発言には、そんな東北出身のアスリートらしい苦悩と決意が感じられます。

盛岡生まれながら、高校サッカー界の名将・斉藤重信監督を慕って大船渡高校に進み、陸前高田の女性と結婚した小笠原は、震災にただならぬショックを受け「何をどうすればいいのか分からないまま日々を過ごした」と言います。ファンの間でも「無愛想」とか「マスコミ嫌い」といわれる男にとって、言葉による励ましは大の苦手。しかも「今でも十分に頑張っている人たちに、それ以上頑張ってとは言えない」ことも、彼はちゃんと心得ていました。

だからこそ、彼はCMで「頑張ろう」などと呼びかけるかわりに、震災から一週間後の3月18日、被災地を訪れます。そこで、言葉より行動、という結論に達したのです。その「行動」のひとつが、サッカー界の大先輩・三浦知良に被災地の惨状を訴え、支援を訴えるというもの。それは、カズ擁する横浜FCの被災地訪問という収穫をもたらしました。

今後はまず、自分自身がサッカーを一生懸命やりながら、被災地の子供たちがサッカーを続けられるよう尽力したいという彼いわく、

「できることはいくらでもある。何をすればいいのか分からないというのは、もう終わりにしたい」

口下手だろうと何だろうと、誠意あふれる真摯な言葉は心にグッとくるようです。

うたう

「うたう」という言葉の起源は「うったう（訴う）」だともいわれます。普通に話したり、書いたりするだけでは足りないほどの想いを訴えるように、詩にしたり、歌にしたり、物語にしたりしてうたいあげる――これもまた、人間ならではの文化といえるでしょう。

だとすれば、気分が昂揚したり、逆に沈滞したときこそ「うたう」ことが必要になるはず。たとえば、敗戦直後の日本では、並木路子の歌う『リンゴの唄』が復興のＢＧＭとなりました。

震災直後の今も、またしかり。ただ敗戦直後と違うのは、音楽文化が多様化していることで、象徴的な作品がない分、たくさんの『リンゴの唄』が存在していることです。

個人的に一番感動したのは、４月１日に放送された音楽特番での嵐のパフォーマンスでした。メドレー３曲のうち、最後にデビュー４作目の『感謝カンゲキ雨嵐』を持ってきたことに、そして、その出来栄えに、飛び上がりたいような気持ちにしてもらえたからです。

「まるでひとりぼっちだと　嘆くそばで　ガレキに咲いた花が　ユラユラ見てる」

「誰かが誰かを　支えて生きているんだ　単純な真実が　傷を癒してく」

「泣きながら　生まれてきた僕たちは　たぶんピンチに強い」

震災直後の日本に驚くほどフィットするようなこの曲が10年以上も前に生まれ、当時は十代だった彼らが国民的人気者に成長して、みんなを元気づけようとしている現実が、運命的にも思えて、この国は大丈夫なのではないかという希望を与えられた気さえしました。

もちろん、これを読んでくださっているあなたにも、元気づけられる「うた」があることでしょう。音楽に限らず、何かを訴えずにはいられない想いから生まれた「うた」からは、希望が聴こえることがある、そう信じたいのです。

（『感謝カンゲキ雨嵐』　作詞　戸沢暢美　作曲　馬飼野康二）

▼**坂本九**

「舞台でうたったのが『ヨイトマケの歌』と『上を向いて歩こう』でした。うたいながら（略）涙でびしょびしょになっちゃいました。でも、お客さんを笑わせることができたことは、うれしかったですね。おふくろはただじゃあ死なないなと思いました。甘やかしてくれたおふくろが、最期に苦しみをおいてってくれたこと、うれしいです」

（『人間の記録…141　坂本九』日本図書センター）

『上を向いて歩こう』『見上げてごらん夜の星を』『明日があるさ』――震災後に〝癒される〟〝励まされる〟として人気が再燃した曲です。いずれも坂本九によって世に出たわけですが、その理由について考えるうち、こんな発言を見つけました。

23歳のとき、母の訃報を公演開始5分前に知った坂本は「どんなことがあっても休んではいけない」という母の教えを守り、舞台に上がります。そして、ときには涙を流しながらも、「ワーワー客を笑わせました。はじめてプロになったたって感じました」と、誇らしげに振り返るのです。

苦しみが人を強くする、ということを固く信じるこの人は、子供の頃から明るく前向きで、母の故郷である茨城県笠間市に疎開した際も、すぐに新しい環境にとけこみました。芸能界で売れてからは、苦しむ人の手助けができたらと、慈善活動に目覚め、障害児への募金を目的とする〝あゆみの箱〟や福祉のためのラジオ番組『サンデー九』に長年関わったり、本邦初の手話による歌を発表したりします。

日航機事故により、43歳の若さで亡くなるようなことがなければ、もっと多大な貢献ができたはずだし、本人もそうしたかったでしょうが……。いや、そのかわり、彼は遺した歌で同じことをしているのかもしれません。

「淋しがってる人にはほほえみを、悲しがってる人には幸せを、泣いてる人には喜びを与える、そんな芸人に僕はなりたい」

それが、彼の願いでした。そういう人だからこそ『上を向いて歩こう』のような曲がめぐってきて、それらを誰より魅力的に歌うことができ、何十年もたった今の日本に癒しや励ましをもたらしているのです。

▼千昌夫

「陸前高田の春は一気に来るんです。本当はそんな素晴らしい時期なのに。でも僕は『北国の春』を歌い続けたい」

（『日刊スポーツ』2011年4月7日付）

日本のみならず、海外でも歌われているという望郷ソング『北国の春』。作詞者のいではくは、自身の故郷である信州を想いながら書いたそうですが、歌った千昌夫が岩手県陸前高田市の出身であることから、東北をイメージする人も多いことでしょう。

中学1年のとき、チリ地震による津波を経験した千は、今回の震災発生時には東京にいて難を免れましたが、地元で余生を送っていた90歳の母が一時安否不明となりました。その後、無事再会を果たしたものの「子供のころから知った町なのに、目標物がないので迷子になってしまう」ほどの惨状を見て「歌なんて歌っている場合じゃない」と思ったそうです。しかし、避難所にいる人たちから「歌ってけろ」とせがまれ、この発言の境地に至ったとか。そして「きょうからは、歌を通して得た収入を被災地に寄付していきたい」と。

千といえば、バブル全盛期に1千億円もの資産を誇り〝歌う不動産王〟となったものの、バブル崩壊で逆に1千億円もの負債を抱え〝歌う借金王〟に。また、金髪美女と結婚して離婚し、別の金髪美女と再婚、という具合に、ある意味、バイタリティあふれる戦後日本の欲望を象徴するようなスターです。そんな人だからこそ、この震災ではいっそう、カネでは買えない自然の美しさや命のかけがえのなさが身に沁みたのかもしれません。

ノンフィクション作家の小林照幸は『北国の春』について「普通に春を迎えられることの有り難さを問答無用に実感できる曲」だと評しています。これからもずっと「普通に春を迎える」ために、この曲は口ずさまれていくことでしょう。

▼岩見ヒサ

「〝幸せとは何ぞや〟と言われると難しい。ただ、私にはっきり言えることは〝高齢期の幸福が最も大切だ〟ということであった。若い頃の苦労は未来に希望を持つ限り耐え得るが、終着駅に近づいて負わされた不幸こそ悲惨である」

（『吾が住み処ここより外になし』萌文社）

岩見ヒサは、大阪生まれ。看護婦をしていましたが、夫と息子に先立たれ、再婚を機に、相手の地元である田野畑村にやってきました。以来、開拓保健婦として、当初は無医村だった僻村で医者がわりを務めるなど粉骨砕身しながら、3人の息子を育て上げ、歌人としても活躍します。

そんな波瀾万丈の人生を歩んできた人が、92歳で出版した本に記した人生観が「高齢期の幸福が最も大切だ」というものでした。

「しかし、高齢期に入ってからそのことに気づいても遅い。どんな場合でも〝生きることを楽しみ得る力〟を貯えておかなくてはならない」

彼女は言います。そのことを伝えるべく、定年退職後も、婦人会活動に尽力しました。

そして、もうひとつ、尽力したものがあります。80年代前半、村に原発誘致の動きが生まれた際「死者が出るような事故が起きれば、村もおしまいだ」という危惧から、原発について勉強し、本を何十冊も買い込んで配り、新聞に投書したり、村長にも働きかけて、誘致反対を主張しました。

大阪や東京での生活を経て、田野畑の自然とそこに一体化した村民の暮らしぶりに感動し、

「吾が住み処　ここより外に　なしと思ふ　大気清澄にして　微塵とどめず」

と詠んだ彼女にとって、その自然を脅かす原発と共存しての「幸福」は考えられなかったのです。

「土地を売り海を渡し大金を手にした六ヶ所村の人たちは、現在幸せな生活を送っているのだろうか？」

原発を誘致した青森県六ヶ所村に思いを馳せ、彼女は疑問を投げかけます。たしかに、幸福観は人それぞれとはいえ、空気と水がきれいなことは幸福の絶対的条件に近いと思うのですが、どうでしょうか。原発事故で「住み処」を奪われた福島の高齢者の姿をニュースで見聞きしながら、本当の幸福について考えずにいられません。

▼高村光太郎
「人間よ、もう止せ、こんな事は」

（『校本　智恵子抄』中村稔編　角川文庫）

福島原発事故のニュースを知ったとき、ふと頭に浮かんだのが高村光太郎の『あどけない話』という詩でした。

「智恵子は東京に空が無いという、ほんとの空が見たいという」「阿多多羅山の山の上に毎日出ている青い空が智恵子のほんとの空だという」

などのフレーズで知られた名作です。

今の福島県二本松市で生まれ育った智恵子夫人にとっては、昭和初期の東京の空ですら、何か違うものに見えたのでしょうが、爆発の日、放射性物質が飛散した福島原発上空もまた「ほんとの空」ではなかったわけです。人間はこうして「ほんとの空」をどんどん失っていくのではないか、そんなうすら寒い思いにとらわれました。

そして、そんな感性を持つ智恵子に惹かれた高村もまた、人間のあり方に疑いの目を向けるようになります。『ぼろぼろの駝鳥』では、動物園の駝鳥を題材に「何が面白くて駝鳥を飼うのだ」「動物園の四坪半のぬかるみの中では、足が大股すぎるじゃないか」「雪の降る国にこれでは羽がぼろぼろじゃないか」「腹がへるから堅パンも食うだろうが」「これはもう駝鳥じゃないじゃないか」と問いかけ「人間よ、もう止せ、こんな事は」と結ぶのです。

他の動物を檻に閉じ込めて見物するのも、危険な原発が必要なほど大量な電力を消費して生活するのも、生物としての「ほんとの姿」といえるのか——。そう考えるとき、

「人間よ、もう止せ、こんな事は」

という言葉が、重く迫ってくるのです。

▼金子みすゞ

「浜は祭りの　ようだけど　海のなかでは　何万の　鰮《いわし》のとむらい　するだろう」

（『金子みすゞ童謡集』ハルキ文庫）


震災直後、テレビやラジオで頻繁に流され、批判もあった〝ACジャパン〟のCMですが……。

そのなかにあって、比較的好評だったのが、金子みすゞの童謡『こだまでしょうか』を朗読するも

のです。「〝遊ぼう〟っていうと〝遊ぼう〟っていう。〝ばか〟っていうと〝ばか〟っていう」で始まり「こだまでしょうか、いいえ、だれでも」で終わるこの作品は、人間の好意も悪意もこだまのように響き合うものだという真実を教えてくれました。

そんな彼女の代表作の一つが『大漁』。「朝焼小焼だ　大漁だ　大羽鰮《いわし》の大漁だ」のあと、右のフレーズが続きます。人間はお祭り騒ぎでも、魚にとっては何万匹もの死にほかならない、そんな当たり前だけど忘れがちなことをいつも感じていられるのが、彼女の才能でした。

それをひとことで表すなら「共感力」でしょうか。『積った雪』という作品でも、「上の雪　さむかろな」「下の雪　重かろな」「中の雪　さみしかろな」とうたっていますが、自分以外の何にでも共感できる特殊な才能が彼女にはありました。

そして、つらく苦しい思いを味わっている人たちが何より欲しているものが、この「共感」だという気がするのです。だからこそ『こだまでしょうか』のＣＭも押しつけがましくならず、視聴者の心に寄り添うことができたのでは、と。

彼女の童謡に触れるたび、共感力、身につけたいと思います。何十億通りもの性格と立場を持つ人間同士が優しくつながるには「共感」から始めるしかないのですから。

▼土方巽

「俺は、コンピューターが恥ずかしがって、故障を起こすような踊りをやりたい」

（『東北知の鉱脈1　叢書東北の声』赤坂憲雄　荒蝦夷）

事業仕分けでの「2位じゃダメなんでしょうか」発言で注目された「スーパーコンピューター京《けい》」は、1秒間に1万兆回の計算を目指しているそうです。そんな話を聞くと、人間であることになんだか肩身の狭さを感じたくもなりますが……。

コンピューター何するものぞという気概を示したのが、秋田市出身の舞踏家・土方巽。前衛的かつ原始的な身体表現によって「暗黒舞踏」という独自の世界を確立し、国内外で評価された人です。「俺は泥から生まれたんだ」「元々汚いものがね。美しいものを作るんだ」という彼は、近代的で機械的な調和を嫌い、さらにこんなことも言っていました。

「いっそのこと俺は不具者に生まれついた方が良かったのだ、という願いを持つようになりますと、ようやく舞踏の第一歩が始まります」

現代を生きる五体満足な人間がどうしても身につけてしまう、マニュアル化した動きを離れなければ、舞踏にはならないとまで言い切ったのです。

そんな土方が、コンピューターを敵視（？）したのは当然かもしれません。人間、いや、生物本来の動きを取り戻し、そのうえで魂そのものを表現しようとした彼にとって、決められた通りの事をひたすら早く正確に行うだけのコンピューターは真逆に位置するものでした。
ちなみに、スーパーコンピューターは地震や津波の予測にも活用できると喧伝されていますが、その性能がいくら上がっても、想定外のことは起きるでしょう。それを思えば、自分の生きる力を信じ、魂を磨き続けるほうが、人間は強くいられる気がします。
彼はまた、後続の舞踏家について「恐怖がなさすぎる」とも評していました。コンピューターなどでは支配できない世界のなかで、生きていかなければいけない恐怖、それをわきまえながら踊り、生きることが力につながると信じていたのです。

▼松任谷由実

「私の音楽は世の中が投影したいものを映し出してきたと思うんです。（略）今回のアルバムは、希望を映し出すものになっていると思います。現実は、以前より日本は貧しくなっていくでしょう。でも真実は豊かになっていくと私は信じています」

（『週刊文春』２０１１年５月５・12日特大号）

震災により、東北新幹線が機能停止に陥っていた期間、岩手の貴重な交通起点となっていた花巻空港では、松任谷由実の『緑の町に舞い降りて』がイメージソングとして使われています。今から30年ほど前に生まれたこの曲は、彼女が岩手を旅した印象を綴ったもの。岩手に住む者としては、シンパシーを感じますし、この予言めいた言葉も気になります。

というのも、彼女はアーティストであると同時に、予言者のような側面も持ち合わせているのです。学園紛争後の若者の気分を体現したデビュー当時から、バブリーな恋愛をゴージャスに描いた絶頂期へと、時代に寄り添い続けた彼女はこんなことも言っていました。

「あたしが売れなくなるっていうのは、都市銀行が潰れるみたいな時代になるっていうこと」

この予言は見事に当たり、バブル崩壊後、日本経済が冷え込むとともに、彼女のＣＤセールスも落ち込んでしまいます。

だとすれば、ここで言っていることにも信憑性があるのでは……。実際、これからの日本が右肩上がりの経済成長をしていくと考えるより、ジリ貧になっていくことを危惧する人のほうが多いように思います。でも、彼女は続けて「真実は豊かになっていく」とも言っているのです。

ここでいう「真実」は「心」に置き換えることも可能でしょう。ニューアルバムに託した想いを、彼女はこう説明します。

「牛乳パックにさしたタンポポがカサブランカよりも素敵に見えるような、そんな音楽を届けたいんです。そういう意味でこれからもっともっと豊かになるんだってことを、たくさんの聴き手の想像力と合わせて実現していきたい」

経済が豊かなこと以上に、心が豊かなほうがきっと幸せなはず。ユーミンの予言、実現してほしいものです。

▼岩井俊二

「仙台の桜は東京より少し遅い。母校・仙台一高のグラウンドを桜の樹が一周囲んでいて、新入学シーズンがやや過ぎてから満開になる。男子校だったので何ともストイックな桜の景色だった。思春期、青春期をあの街で過ごし、初恋の想い出や初デートの想い出が、そのままあの街に残っている。大きな地震と津波によって瓦礫になった場所にも、きっとまた人が集い、恋や人生の想い出を繰り返すだろう」

（『ＮＥＷＳポストセブン』２０１１年４月10日配信）

『リリィ・シュシュのすべて』などで知られる映画監督・岩井俊二は、仙台市出身。その独自の映像美のような、素敵な言葉ですが、きっかけとなったと思われるエピソードが、別の雑誌で紹介されています。

震災直後、彼のツイッターに仙台の女子高生からこんなつぶやきが届きました。

「片思いの人が無事でいるか知りたいので、探してほしい。でも私の素性は明かさないで」

岩井は「〝それどころではない〟状況のなかでも、やはり当時の僕と同じ、かわいらしい営みが繰り返されている」ことに感動します。そして「〝ぼくにとっての仙台〟が、まざまざとよみがえってきた」と。どんなときでも青春を謳歌しようとする若者の心に触れ、震災のショックで失われていた創作意欲も、取り戻すことができたというのです。

「もう少し落ち着いたら、震災で出会った、片思いの相手を探した高校生の映画をつくってみたい」

毎年、桜が咲くように、人は恋をし、大人になっていく――。そんな当たり前のことを信じることから、未来は開けてくるのでしょう。

いのる

震災後、あちこちのメディアが被災者への応援メッセージを募り、発表していますが、そのなかにミョーに印象的だったものがあります。NHKの朝のテレビ番組で見た、こんなメッセージです。

「私たちは今、ブラジルにいます。被災者の方たちのために、太鼓をたたいています」

地球の裏側で太鼓をたたくことが、被災者になんの役に立つのか（笑）と思わずツッコミを入れながら、その意味のなさになぜか癒されました。そして「いのる」という行為の本質に、改めて気づかされたのです。

義援金やボランティアといった、目に見える手助けじゃなくても、地球の裏側で太鼓をたたきながら誰かが祈ってくれているらしい、ということだけで、案外嬉しいものなんだなと。いや、極論してしまうなら、心のこもっていないお金や奉仕より、心からの祈りのほうが嬉しいのではとさえ感じられました。

実際、同じ言葉でも、どんな気持ちで使うかによって、伝わり方は変わります。この本のタイトルには『こころを支える――』とありますが〝こころで支える〟という気持ちで使わないと、言葉はうまく伝わりません。しかし、本気の祈りなら、誰かが誰かを癒したり、あるいは自分のための祈りが自分を癒すこともあるのではないか、とも考えられます。

希望学の研究者で、岩手県釜石市を調査対象にしている玄田有史は、「過去に深刻な挫折を経験しながら、努力で乗り越えた人々ほど現在、希望を持って生きている」ということを実感し、こんな「希望の法則」を発見したといいます。

「希望は人から人へと伝播する」

祈ることは、希望へとつながります。祈ることしかできない、というのはつらくもどかしいことでもありますが、人間が幸せになるための、じつは近道なのかもしれません。


（参考文献『文藝春秋』2011年6月号）

▼昆愛海
「ままへ　いきてるといいね　おげんきですか」

（『週刊新潮』2011年4月14日号）

岩手県宮古市に住む４歳の幼稚園児が、母親に宛てて書いた手紙です。彼女の両親と妹は津波に流され、行方不明に。彼女は背負っていたリュックサックがワカメ養殖に使うワイヤー製ネットに引っかかったおかげで、奇跡的に助かり、親族に引き取られました。

そして、震災から11日後の３月22日、急に手紙を書くと言い出したそうです。覚えたてのひらがなで、色鉛筆を使い、たどたどしく、でも丁寧に。

親族は、言います。

「この子が両親の死を受け入れた時、父親は海が好きだったこと、母親はお前のことを愛し、地震が起きても愛海の身を案じて車を飛ばしたことを伝えてあげたいと思う」

彼女のように手紙を書いた子供、書かなくても心でそう願い、呼びかけた子供、いっぱいいることでしょう。月並みですが、子供たちの心の中で両親は生き続け、これからの人生を支えてくれるはずです。

▼大川海渡

「拝啓　８年後のオレへ（略）海はとても恐しいです。でも、とても大切です。きれいで、きれいで、ぼくはとても大好きです。だから、漁師になってお父さんといっしょに、船に乗っていますか。頑張れ海渡！　頑張れ大沢!!　平成23年３月27日の大川海渡より」

（『ＮＨＫニュース７』ＮＨＫ総合　２０１１年３月31日放送）

岩手県山田町の大沢小学校では、卒業生が20歳の自分へのメッセージを書き、タイムカプセルとして埋める恒例行事があります。大川海渡・海成の双子兄弟も、これに参加しました。

父親は、カキやホタテの養殖などを行う漁師。息子たちの命名にも、海とともに生きてきた男の誇りと愛がうかがえますが、筏や網を流され、海の仕事を続けられるかどうかはわからないとしたうえで、

「子供はまあ、学校さ、行かせられんだかな。（略）そっちのほうが先だ。稼がねばと思います」

苦笑まじりに語っていました。

その不安は、息子たちも同じでしょう。しかし、未来の自分へのメッセージのなかで、弟は「あきらめない心、くじけない心を忘れず、その後を生きろ」と、自らを鼓舞します。そして、兄は海に対して「恐しい」けど「大切」で「大好き」という複雑な想いを吐露しつつ、海とともに生きていきたいという夢を綴りました。

その夢が必ずかなう、という保証はありません。が、夢見る気持ちが8年後の彼らを夢に近づけてくれる、ということは信じていいはず。そのけなげさに、海も微笑んでくれそうな気がするのです。

▼美空ひばり

「二番の歌詞がカットされてましたが、今の私には〝祈る〟と云う詩が感じさせられ、是非あの部分を生かせて下さいます様お願い致します」

（『隔週刊　美空ひばり　こころの歌　No.14』デアゴスティーニ・ジャパン）

〝歌謡界の女王〟が作詞家・星野哲郎に宛てた手紙の一節です。当時、美空ひばりは最初の長期入院中。復帰作となる『みだれ髪』の詞を病床で受け取り、歌い手としての要望をこう綴りました。その言葉通り、二番の「祈る」というフレーズは生かされることになります。

晩年の傑作と評されるこの作品の舞台は、福島県いわき市の塩屋埼。星野はディレクターから「そこへ行っていただければ、何を書いてほしいかわかります」と言われ、現地を訪れました。そして「涯しない太平洋に向けて導きの灯りを投げかける灯台」に「両親、弟たちを次々に失ってもなお、歌い続ける彼女の孤独な姿」を見ます。

実際、ひばりは戦後復興のシンボルと呼ばれるほど、多くの国民を元気づけましたが、私生活では必ずしも恵まれませんでした。大スターではあっても、幸福ではないという現実から、人間の無力さを悟り「祈る」しかないのだという境地に到ったのかもしれません。

そういえば、彼女には、広島の原爆投下を扱った『一本の鉛筆』という反戦歌もあり、第1回広島音楽祭で披露されました。その出番待ちの際、冷房のある楽屋に移るよう勧められると、こう断ったそうです。

「あの時広島の人たちは、もっと熱かったのでしょうね」

彼女は並外れた歌唱力だけでなく、そんな共感力も持ち合わせていました。とすれば、晩年の「祈る」という境地もけっして自分本位のものではなかったはず。『みだれ髪』に『愛燦燦』そして『川の流れのように』といった晩年の作品がひときわ痛切に心に迫ってくるのは、ひとりひとりの幸せを「祈る」気持ちがそこに込められているからでしょう。

▼矢沢永吉
「祈ってます」

（『歌でつなごう』ＮＨＫ総合　２０１１年３月22日放送）


さまざまなアーティストが、３分間の枠の中で思い思いのメッセージと曲を届けた緊急番組『歌でつなごう』。とりわけ異色だったのが、矢沢永吉の姿でした。歌っているときのパワフルな雰囲気とは裏腹に「本当に心が痛いです」「頑張ってください、と言っていいのかもわからないぐらい」「今は気持ちしか送れないかもしれません」と、言葉を手探りするように恐る恐る語りかけたのです。

そして最後に、

「とにかくみなさん、祈ってます」

と。それを見ながら、ああ、この人は〝本物〟なのだと感じました。聞くところによると、広島出身の永ちゃんは、父親を原爆症で亡くしているとかで、理不尽な悲劇に翻弄される市井の人々の哀しみが人一倍わかるのでしょう。

言葉が見つからないかわり、心からの祈りを捧げたい――そこに本物の優しさを感じたのです。

▼遠藤龍地

「野菜を食べ、牛乳を飲み、日本の農業を救いましょう。食べてすぐには問題ないものがすべて破棄され、地域の農業を破壊している。（略）**我々の世代が文明の原発をつくり、そのエネルギーによる繁栄を享受してきたわけですから責任もある」**

（『日刊スポーツ』２０１１年３月28日、４月５日付）

この人は、宮城県大和町にある法楽寺の住職です。原発事故により、農畜産物の安全性が問題化し始めたとき「老人は放射能汚染野菜を食べよう」と提唱して、話題になりました。ちょっと過激にも思えますが、原発を作った世代でもあり、しかもリスクが最も少ないなら、我々で背負いましょう、という自省的かつ合理的な決意表明だといえます。さすがは、仏の道に生きる人というべきでしょうか。

もっとも『日刊スポーツ』の今西和弘東北総局長は、料理教室を主宰する知人からのこんなメールも紹介しています。

「教室に来た人はみんな〝汚染野菜でもなんでも食べる。いい年の老人が自分のためにきれいな水、野菜を求めて走り回るのはみっともない〟って言ってます」

どうやら、この住職のような想いを抱いた高齢者は少なくなかったようです。震災後、被災者のマナーのよさが海外で話題になりましたが、それは「みっともない」ことはしたくないという日本ならではの美学によるところが大。そんな美学で生きてきた高齢者たちが、被災地でのマナー維持にひと役買っていたのかもしれません。

長寿大国ニッポンが誇るべきは、平均寿命ではなく、このような気骨ある高齢者が大勢いるということでしょう。

▼後藤新平

「自分は子供を先生と思い、いろいろと教えられるつもりで接している。それではじめて子供が一緒に遊んでくれるのだ」

（『週刊　日本の100人』72号　デアゴスティーニ・ジャパン）

関東大震災後の帝都復興院総裁として尽力したことで、再注目されている後藤新平。しかし、岩手県奥州市が生んだ偉人の持つ顔はそれだけではありません。医師としては岐阜で遭難した板垣退助の治療にあたり、台湾総督府民政局長としては世界でも稀な開明的植民地政策を実施。内務大臣や逓信大臣、満鉄総裁などの要職を歴任するかたわら、ＮＨＫの前身となる東京放送局総裁として本邦初のラジオ放送にも出演しました。

そんな数ある顔のなかでも、注目したいのがボーイスカウト運動への貢献。東京市長時代、少年団日本連盟の初代総裁に就任した後藤は「人のお世話にならぬよう　人のお世話をするよう　そしてむくいをもとめぬよう」という自治三訣を掲げ、子供たちに公共奉仕の精神を説きました。

そこにはおそらく〝大風呂敷〟と仇名されるほどの理想家だったがゆえに、現実の壁に傷つくことも多かったこの人ならではの未来への期待があったのでしょう。未来を作っていくのは、子供たちなのですから。しかも、60代半ばにして「子供を先生と思い」などと言える大人は、そうはいません。彼の偉いところは、話をちゃんと聞いてもらおうとするなら、自分から歩み寄ることが大切だと、しぜんに考えられるところでした。

一方、現代の政治家や官僚に、こうした未来への期待や、その担い手である世代への歩み寄りはあまり感じられません。後藤の復興計画が高く評価され、それなりの成果をあげたのは、こうした人間性によるところも大きいのでしょうから、現状が心もとなく感じられます。

いいや、政治家や官僚に限らず、大人全体が子供たちを大事にしないと、よりよき未来は訪れないのでは。未来のために、子供と遊べる大人でありたいものです。

▼久慈次郎

「たとえ負けても懸命にプレーをすれば、廃墟と化した函館に、一筋の光が射すにちがいない」

（『北の球聖　久慈次郎』中里憲保　草思社）

社会人野球最大のイベント・都市対抗大会では、敢闘選手に「久慈賞」が与えられます。函館オーシャンの監督兼選手だった40歳のとき、試合中の事故で亡くなった盛岡市出身の名捕手・久慈次郎を記念してのもの。ベーブ・ルースらを相手に戦った日米野球でも主将を務め、沢村栄治投手をリードして、静岡での伝説的善戦を盛り上げたこの人は、翌年、このときの全日本チームを母体に誕生した巨人軍にも当然のように誘われました。が、これを断り、生涯をアマチュア野球に捧げることになります。

その断った理由のひとつが〝災害〟です。日米野球の行われた半年前、2千人を超す死者を出した函館の大火が起こり、その復興を見届けるまでは街を離れられない、という思いが彼にはありました。函館における彼は、ただの野球選手ではなく、大火のあとで行われた市議会の補欠選挙に担がれると選挙活動なしでトップ当選してしまうほどの名士だったのです。

じつは、日米野球は函館でも行われましたが、予定日が雨天で、そのまま中止になるところでした。しかし、彼が奔走して主催者側を説得したことで、順延という形で、翌日実現します。その際、彼が口にしたのが「廃墟と化した函館に、一筋の光」を、というこの言葉だったわけです。

東北地方の人々は、昔から、さまざまな災害に見舞われてきました。そのせいか、災害に立ち向かおうとする気持ちも強いように感じます。巨人軍に参加すれば、米国遠征もでき、好きな野球でメシが食えることに、心惹かれながらも、断腸の思いで断ったという久慈。夢を追うより、災害に立ち向かうことを選んだ姿に、東北人らしさを見るのです。

▼太宰治

「ながいことである。大マラソンである。いますぐいちどに、すべて問題を解決しようと思うな。ゆっくりかまえて、一日一日を、せめて悔いなく送りたまえ。幸福は、三年おくれて来る、とか」

（『人生ノート』光文社知恵の森文庫）

青森県五所川原市出身の作家・太宰治について、世間が抱くイメージは、必ずしも明るいものではないかもしれません。何度も自殺未遂をしたあげく、38歳で愛人と心中。作品も、どちらかといえば暗いものが多い気がします。

しかし、そういう人だから、見えてくるものもあるのでは。たとえば彼は〝これから死のうとするとき〟の境地についてきかれ「ほおっとするような気持ちになるよ」と答えています。死を決意してようやく安堵できるという〝生きづらさ〟を常に抱えていたわけです。にもかかわらず、作家として今なお読み継がれる作品を残せたというのは、生と死の狭間で人一倍、人間について考え、幸せになりたいと願い、その結果、よりよく生きるための真理を描くことに成功したからでしょう。

この言葉は『答案落第』という短いエッセイの結びとして書かれたもの。美知子夫人と婚約し、社会的にも精神的にも安定を得て、再出発した年に発表されました。人生というものを「百米競争」だと「思いちがい」していたとして、ではどうすれば、この「大マラソン」に勝てるのか、という葛藤を告白しています。

言われてみればその通り、という内容ですが……。それぞれの事情で〝生きづらさ〟を抱え、そこから解放されたいと願う人には、その道の先輩である太宰の言葉は希望につながるのではないでしょうか。そう、「幸福は、三年おくれて来る」のですから。

▼大島優子（ＡＫＢ48）

「私のブログのタイトル〝届いてください〟のコメント、No.３６６４あいさん、No.３５５２大福ふくフクさん、No.３５３８熊壱さん、を読んでください！！　お願いです、目を通してください！！　どうか、届いてください！！」

（本人のブログ　２０１１年３月17日）

今をときめくアイドルグループ・ＡＫＢ48。なかでも一、二を争う人気者の大島優子は、自身のブログで積極的に震災問題をとりあげました。

この文章は『届かないのですか』というタイトルで書かれた記事の一節で、じつはその5時間前、彼女は『届いてください』と題して、被災者の健康と被災地の復興への祈りを綴っていました。そこに寄せられた何千ものコメントのなかに、ＳＯＳを訴えるものがあったのです。

そのひとつが、

「助けてください！【至急拡散希望！】宮城県の亘理小学校で物資不足深刻化。1つのおにぎりを4人で分けて、それが1日の食料です！　水ガスも全くありません！　避難民600人です！」

というもの。

そこで彼女は『届かないのですか』という記事を書き、こう呼びかけたわけです。

すると、2日後、ご飯や味噌汁をはじめとする支援物資がこの小学校に届き始めました。大島のブログによる効果のほどは不明ながら、三陸沿岸や仙台市若林区に比べ、注目度の低かったこの地域の人たちにとって、このエピソードはひとつの希望となったようです。

また、このエピソードは「祈り」の力というものについても、考えさせてくれます。誰かのために祈るということが、いかに有形無形の助けとなるか。特に、女性にはその能力が高いような気がします。子を思う母の祈り、弟を思う姉の祈り、そして大島が被災者に捧げた乙女の祈り……。

ＡＫＢ48は、プロジェクト全体として5億円の寄付をしたことでも話題になりましたが、お金以上の力が「祈り」には秘められているのではないでしょうか。

よみがえる

最後の章は「よみがえる」がテーマです。

なぜ、このテーマかといえば、震災のような大きな悲劇によって傷ついた心が、いかにして「よみがえる」のか、その仕組みを知ることに深い意味があると考えたからですが、ここでもやはり「人それぞれ」ということが大前提になりそうです。

何かを許し、あきらめることで歩き出せる人もいれば、自らを奮い立たせ、闘い続けることで元気でいられる人もいる——再生の物語も、それを支える言葉も、人の数だけ、悲劇の数だけ存在するわけですから。

しかし、ひとつだけ「人それぞれ」ではないのではないか、と思えることが見つかりました。それを教えてくれたのは、宮城県気仙沼市に住む斉藤日向子という震災当時、中2の少女です。

彼女は出版社の企画に応じて書いた作文に、地震や津波の恐ろしさを綴りながらも「震災で学んだこと」もあるとして、

「それは、一日一日を楽しく過ごし、生きているのは奇跡だということです」

と、記しました。そして、こう結んでいます。

「私の命は、今も音をたて、動いています。それがわかると、うれしくて、いつも心の中で思います。〝私は今、生きている〟ということを」

よみがえる、という言葉が「黄泉（死者の棲むよみの国）」＋「帰る」に由来することを思えば、自らの「いのち」をもう一度実感することこそ、まさに「よみがえる」なのでしょう。いのちの不思議を感じ、つらくても苦しくても、なんとかして生きていこうとする気持ち――壊れかけた心の再生がそこから始まることだけは、どうやら間違いなさそうです。

（参考文献『文藝春秋　8月臨時増刊号　つなみ　被災地のこども80人の作文集』）

▼畠山重篤

「これまでの経験だと、津波の後の海は、カキやホタテの成長が倍以上、早い。人間さえ元気なら、海は元通りになる」

（『河北新報』2011年3月21日付）

宮城県気仙沼市のカキ養殖業者で、作家でもある畠山重篤は、今回の震災で母を亡くしました。その火葬直後に書かれたという『〈気仙沼発〉わが罹災記』（『歴史通』５月号）には、未曾有の大津波が襲うなか、施設に入所していた93歳の母が溺死し、彼女にとっては孫にあたる三男がそれを知って泣き崩れるまでの様子が切々と描かれています。

が、その一方で、地元の新聞の取材に対し、こう言い切りました。津波のあと、海の生物が意外と早く成長するという話は、他の漁師も口にしていましたが、この人が言うといっそう説得力があります。何せ、20年以上も前から〝森は海の恋人運動〟というものを推進してきたのですから。すなわち、森林伐採によってカキ養殖が悪影響をこうむったことから、山が死ねば海も死に、海が死ねば山も死ぬ、ということに気づき、それ以来、湾にそそぐ川の源流域に植樹する運動を繰り広げてきたのです。

「海は必ずよみがえる。自分には海しかない」

自然への深い理解と畏敬の念から、畠山はその再生力を確信し、これからも海とともに生きようとしています。そこには、海を元通りにすることで、哀しみに打ちひしがれた自分自身をも再生できるのではという期待がこめられているのかもしれません。母はもう帰ってきませんが、壊滅的打撃を受けたカキ養殖場が再建される日はそう遠くないでしょう。

▼高橋是清
「元気でやれば何でも出来る」

（麹町小学校へ贈った書より）

この言葉を目にした瞬間、アントニオ猪木の「元気があれば何でも出来る」を思い出した人もいるでしょうが……。その百年前に、同じようなことを言っていたのが、高橋是清です。

それだけでなく、両者には似たところが。猪木は少年時代、移住したブラジルの農園で働いていて、力道山にスカウトされるわけですが、高橋もまた、少年時代に米国の農園で働いていた経験があります。こちらのほうはもっと悲惨というか、本人は留学のつもりでいたところ、じつは奴隷として売られていたといういきさつでした。

幕府絵師の私生児だった高橋は、生後まもなく仙台藩の足軽の養子になり、幕末のどさくさのなかで、米国の奴隷にされたり、明治に入ってからも、ペルーの鉱山開発で大失敗したりしながら、見識と胆力を身につけていきます。やがて、日銀総裁を経て、総理大臣の地位へ。ただ、政治のかけひきは苦手だったようで、得意なのはもっぱら、財政でした。大蔵大臣に八たび就任して、昭和初期の世界恐慌による打撃を最小限にとどめたことなどが評価されています。

そんな彼の仇名は〝ダルマ〟。風貌に由来するようですが、その七転び八起きの人生も当時の人々は重ね合わせていたのでしょう。何度も起き上がれたのは、彼がとにかく楽天的だったからで、奴隷騒動についても、逃げようとして雇い主に殴られた際、ショックのあまり、おならが出たという思い出を、ユーモラスに語っています。

死の前年には、大蔵省の新人たちにこんな訓示をしました。

「きみたちのこれからの人生は長いが、決して不平不満をおこしてはならん。不平不満は常に心をくもらす。みずからの努力で明るい天地をひらきたまえ」

しかし、彼自身は、軍事費縮小に不平不満を抱いた青年将校たちの凶刃に倒れました。いわゆる二・二六事件――このあたりから、日本は〝元気〟を失い、敗戦への下り坂を転がり落ちていったのです。

▼伊集院静

「人から受けた恩は、その人には返せないのが世の中の常らしい。親孝行ひとつを取ってみてもそれはわかる。親の最後の、最大の教えは親が亡くなることで子供が人生を学ぶことでもあるという」

（『トランヴェール』2011年3月号）

今回の震災をめぐって、印象的な発言を数多くしている文化人のひとりが伊集院静です。山口県生まれでありながら、3度目の妻である女優・篠ひろ子の実家がある仙台に移り住んだこの作家は、被災を通して感じた鮮烈な思いをさまざまなメディアで発表し、注目を浴びています。

ただし、この言葉は、震災の前に書かれたもの。2年間続いた連載エッセイの最終回に、彼は師と仰ぐ色川武大への感謝を綴りました。

2度目の妻である女優・夏目雅子を結婚生活1年で亡くし、若い頃に統合失調症を患っていた彼は、絶望から酒浸りになります。そこから再生へと導いたのが、ナルコレプシー（突発性睡眠障害）という病を持つ色川との交遊でした。いわば、絶望を共有する相手との出会いが希望をもたらしたわけです。

ただ、その4年後、色川も亡くなります。彼のなかには恩返しできなかったという悔いが残り、それはやがて、この言葉の境地につながりました。そして、震災後には「自分が踏ん張って何ごとかを成し遂げることが恩返しになるのだと結論を」出したと語っています。

実際、震災後に彼の言葉が多くの人の心を動かしたのは、絶望から立ち直った人ならではの希望がそこにあるからでしょう。たとえば、彼はこう言います。

「いまどきの人はドラマや映画の影響なのか、どんな悲しみや苦しみもすぐ解決できるように考える傾向があるけれど、人生はそんなに単純なものではない。あっちの出口がいいか、こちらの出口がいいのかと暗闇をさまよい、時にはその場に留まりながら悲しみと向き合う時間がどうしても必要です」

「病死した奥さんの本を書いたという知人は〝同じ立場のキミならわかってくれると思った〟など

と言うけど、わかるわけがない。親を亡くしたきょうだいであっても、悲しみ方は一人ひとり違うのが普通です」

つまり、絶望から立ち直るための方法も時間も人それぞれなのだから「悲しみを安易な筋書きにあてはめて〝一日も早い立ち直りを〟と励ますこと」には「危うさ」を感じると指摘するのです。

しかし、それでもなお、彼はチェチェンの映画で見たという、老婆が娘に告げたこんな言葉を紹介します。

「あなたはまだ若いから知らないでしょうが、哀しみにも終りがあるのよ」

おそらく、それは彼が絶望から得た希望でもあるのでしょう。人間は絶望からも、かけがえのないものを学べます。それを活かして生きていくことが恩返しにもなるはずです。

▼佐藤義則

「ピンチを救う役割が、たまたま自分だった。でも普段打たないようなやつが代打でヒットを打つとか、不思議な力を感じた」

（『河北新報社コルネット』2011年4月13日配信）

佐藤義則は、北海道奥尻島出身の元プロ野球選手。現役時代は阪急とオリックスで活躍し、現在は東北楽天で投手コーチをしています。といえば、ピンと来た人もいるでしょう。これまで3度にわたって、大地震を経験。北海道南西沖地震では津波で伯母を喪い、阪神大震災では大阪のホテルで身動きがとれなくなり、今回の東日本大震災では自宅マンションが損壊して、立ち退くハメになりました。

一方、彼は逆境に強い男でもあります。伯母を亡くした直後には、オールスター戦で快投、阪神大震災の年には、40歳の大ベテランでしたが、当時としては最年長記録となるノーヒットノーラン（無安打無失点試合）を達成するなどして、オリックスの初優勝に貢献しました。

この発言は、その初優勝を振り返ってのもの。やはり野球人である野村克也が好んで使う「勝ちに不思議の勝ちあり」を想わせる言葉ですが、人生自体、不思議なものです。野球がまともにできるかどうかも危ぶまれた年に、最後のひと花を咲かせ、チームが初優勝を飾るのですから。

今シーズンの楽天について、

「普段通りに野球をするだけ。自分たちのできることをする」

と、彼は言います。野球も人生も〝筋書きのないドラマ〟である以上、人事を尽くして天命を待つしかないということでしょう。それは、悲観でも楽観でもありません。「不思議な力」は、いいほうにも悪いほうにも働くわけで、とんだ災難のあとには、意外なご褒美が待っているかもしれないのです。

▼原敬

「自分は餓死するまでも人から金銭の援助は受けたくない。しかし働いて報酬を受けることは当然であるから、どんな卑しい仕事でも恥とは思わぬ。働いて自活しながら学問をする方法があるだろうと思うから、それを考えようではないか」

（『平民宰相原敬伝説』佐高信　角川学芸出版）

明治維新を成し遂げた新政府から「白河以北一山百文」とバカにされた東北の地。その半世紀後、見事にリベンジを果たしたのが原敬です。

日本初の本格的政党内閣を成立させ〝平民宰相〟と呼ばれたこの政治家は、幕末の盛岡城下に生まれました。祖父は南部藩の家老を務めたほどの家柄で、薩長何するものぞの思いを胸に、藩閥政治打倒に情熱を燃やしていきます。

そんな誇り高き男が「恥」について語った言葉です。苦学生だった少年時代、学費の援助を申し出た叔母に、彼はこういう考えを示して断りました。すなわち、何もせずに金銭を得ることに比べたら、働いて稼ぐことは、それが「どんな卑しい仕事でも」恥ずかしいことではない、というわけです。

今回の震災でも、ボランティアや義援金に感謝する一方で、何より自分で仕事がしたいのだという声を多く耳にしましたが、そういう自立精神を明快に語ったものだといえるでしょう。この発言には、対等な人間関係のなかで、社会のルールにのっとり、目標を実現していこうとする、合理的でまっすぐな意志が見て取れます。

しかし、こんなエピソードも残されています。首相時代、自宅の応接間に飾ってあった掛け軸がニセモノではないかと指摘された際、

「いや、くれた人はホンモノと思って贈ってくれたのだろうから、私もその好意を掛けているつもりなのだ」

と、答えたというのです。

自立を志向しながらも、他者への思いやりを忘れない――こういう人でなくては、賊軍から出て宰相になるという奇跡は実現できなかったに違いありません。

▼山本祐敬

「強い気持ちを持って沖縄からここに来ましたが、今日の出来事で自分が出来る極限が、伸びた感じがします」

(『日刊スポーツ』2011年4月17日付)

発言者は、被災地で救援活動を行う自衛隊員。「今日の出来事」とは、航空自衛隊松島基地で行われた長渕剛による慰問ライブのことです。

じつはこの10日ほど前、長渕は『復興』と題した文章を発表していました。「自然が憎い」「地球よ　貴様が狂っている」「私たち人間の力をみくびると　ただではおかない」といった言葉が並ぶ、この攻撃的な文章には「東北人の、静かでも限りなく深く内に秘めた悲しみ、怒り、苦しさを、気質のまったく異なる散文詩で否定しないで」という反論も寄せられ、僕もかなりの違和感を覚えたのですが……。この自衛隊員の発言を見たとき、少し考えが変わりました。

被災地で働く、いや、戦う人たちにとっては、長渕的な励ましが有効だったりもするのだなと、気づかされたからです。この本を作るにあたって、僕は「がんばろう」という言葉が必ずしも励ましにならなかったりする、それどころか、苦痛につながったりする現実を踏まえようとしましたが、それとは逆に「がんばろう」くらいではがんばれない人もいるのではないか、と。つまり、世の中には「戦おう」というメッセージが励ましになる人もいる、というわけです。

それにしても、この自衛官の発言――。震災から1カ月足らずの間に、自衛隊は約2万人の被災者を救助しましたが、苛酷な環境のもとで、人が人を救うというのは大変なことです。救う側にも心身ともに大きな負担がかかりますし「強い気持ちを持って」やってきたはずなのに、心が折れ、体が悲鳴をあげることもあるはず。それでもなお「自分が出来る極限」を伸ばすつもりで奮闘する人が存在することに、感動させられるのです。

▼チェスリー・サレンバーガー

「（ハドソン川の奇跡の機長として）これは私の人生で、最大の危機であると感じました。でもそれと同時に、人生で最大のチャレンジでもあったのです。私の学んできたこと、人生経験、すべてを注ぎ込まなくてはならない、そう思いました」

（『奇跡体験！アンビリバボー　勇気をもらえる超奇跡SP』日本テレビ系　2011年4月14日放送）

危機に対する乗り越え方、それはさまざまです。国民性による違いも、あるかもしれません。

2009年1月に米国で起きた、バードストライク（鳥との衝突）による航空機事故。ハドソン川に不時着水するという、世界で誰もなしえていない、どんなパイロットも訓練すらしたことがなく、マニュアルでしか知らないものに挑もうとするとき、ベテラン機長はこう思ったそうです。

最大の危機を最大のチャレンジととらえ、自分のすべてを注ぎ込む――実際、彼は血圧や心拍数が急上昇して、視界が狭まるような状態に陥りながら、自分を立て直し、不時着水を無事成功させることだけに意識を集中させました。不幸中の幸いは、彼が元空軍のパイロットで、民間機のパイロットになってからも、緊急事態に備えて心理学を学ぶほど、危機に対する感覚の優れた人だったこと。そして何より、こんな考えの持ち主だったことです。

「1549便のリーダーは、私でした。そして、その1549便で事故は起こってしまった。私は、強く責任を感じていました。リーダーは責任下の人々すべての幸福に対し、責任があるのですから」

本当のチャレンジ精神も、リーダーシップも、想定外の危機においてこそ、試されるのでしょう。市民までもが銃を持ち、自分を守るために戦うアメリカ。その是非はさておき、今回の震災でも、実戦経験豊富なアメリカ軍ならではの貢献が話題になりました。日本人とは異なる国民性に、学べるものもありそうです。

▼新渡戸稲造

「普通人の求むるパンは彼等に任せ置き、己れはパン以上の食物を目標として進めば、競争の憂いが少ない」

（『人間の記録…23　新渡戸稲造』日本図書センター）

平成の一時期、五千円札の顔としても親しまれた新渡戸稲造は、戦前きっての教育者であり、数多くの箴言を残しています。『目標を勝敗以上の高所に置け』と題された文章に出てくる、この言葉もそのひとつ。実際、彼の人生もこの言葉を地で行くものでした。

南部藩の重臣の家に生まれながら、幼くして明治維新を迎えた彼は、8歳で盛岡を離れ、叔父を頼って上京。やがて農学を志し、札幌農学校、東京大学を経て、自腹でアメリカへ留学します。そこで英語と国際感覚を身につけ、日本文化を紹介した『武士道』が世界各国でベストセラーに。第二次世界大戦後、国際連盟が設立すると、事務次長を任され、国家紛争の解決や人種差別の撤廃などをめぐって尽力しました。

文明開化に富国強兵と、ごったがえしていた日本をあえて飛び出すことで、当時の日本人が想像もしなかったようなスケールの大きな国際人へと飛躍したのです。

そんな新渡戸は『心には常に光明を』という文章のなかで、こんなことも言っています。

「苦しい時も嫌な時でも、心だけは光明の入り易いように、開放しておきたい」

世の中には、艱難辛苦を嘗めたあと「自暴自棄になるもの」「腰のぬけたようになるもの」がいる一方で「人生の光明を発見して、立つもの」もいるとして、その秘訣を分析するのです。

「こういう人は、とかく思いがけない所より新しい力を得ることが多い。しかし、その力は、思いがけないとはいいながら、彼に求むる心なくして外部より来るものとは思われない。（略）夜中でも扉を開いて歓迎するために待っていればこそ、近づく客を捉えて我家に案内することができるのである」

普通ではない「高所」を目指した新渡戸の人生も、おそらく艱難辛苦の連続だったことでしょう。そのつど「光明を発見して」きたであろう人の実感がにじみ出ているようで、説得力を感じます。

▼色川武大

「ひとつ、どこか、生きるうえで不便な、生きにくいという部分を守り育てていく。わざわざ作る必要はないかもしれないが、たいがいは自分にそういうところはあるからね。普通は、欠

点はなるべく押し殺そうとするんだな。そうじゃなくて、欠点も、生かしていくんだ。（略）
俺なんか、ひどい欠点ばかりの人間だったから、どれを生かしたらいいか迷ったけれどもね」
（『うらおもて人生録』毎日新聞社）

「一病息災」という言葉があります。理想は「無病息災」なのでしょうが、人間は健康すぎると油断するので、何か持病のひとつでもあるほうがかえって元気でいられる、という意味です。

この言葉が「健康」だけでなく「生き方」にも通じるのではないか、と、この人は言いました。

中学中退後、博徒などの生活を経て作家となり、純文学から麻雀小説まで幅広く執筆した色川武大。東京生まれですが、還暦を機に、馴染みのジャズ喫茶「ベイシー」がある岩手県一関市に移住し、この地が終の棲家となります。

時間や場所に関係なく眠ってしまうという奇病「ナルコレプシー」に悩まされていた色川は、自分の欠点を「他人のペースに合わせて行動することができない」「だらしがない」ことだとしたうえで、それを生かす工夫をしたというのです。

たとえば、自分の欠点が致命的になるようなコースは避け、それがむしろ有利に働くようなコースを選ぶ。「他人のペースに合わせ」られない分、自分のやりたいことに「凝る」ことはできる彼にとって、文学や麻雀はまさにそれでした。

また、自分の欠点を謙虚に認めれば、嫌われることはないし、ときにはそれを魅力的に見せることもできるのだ、と。

「だらしのなさ、が他者の目をひくのは、そこに放埓の自由がありそうに思えることだな。（略）

それから、だらしのなさから得た感性というものがある。これは、よかれあしかれ、きちんとした人には得られない」

長所と欠点とは表裏一体だ、などといわれますが「二十歳の年に、同じ年頃の男の子としては、どん底に近い位置にいた」と振り返る人が、人生論を語れるまでになったのは、一病息災の生き方を実践し、欠点を長所に変えてきたからにほかなりません。

「欠点であろうと長所であろうと、原材料にかわりはない。人はその特長に依存して生きるのだから、まず特長を手の内にいれることが必要なんだな」

色川いわく「生きにくくてなやむくらいでちょうどいい」のですから。

▼**梶原裕太**

「〝階上中学校といえば防災教育〟と言われ、内外から高く評価され、十分な訓練もしていた私達でした。しかし、自然の猛威の前には人間の力はあまりにも無力で、私達から大切なものを容赦なく奪っていきました。天が与えた試練と言うにはむごすぎるものでした。つらくて、悔しくて、たまりません。しかし、苦境にあっても、天を恨まず、運命に堪え、助け合って生きていくことが、これからの私達の使命です」

（『ＮＨＫニュース7』ＮＨＫ総合　２０１１年３月22日放送）

この本を作りたいと思った動機のひとつ、それがこの少年の言葉でした。

宮城県気仙沼市の階上中学校で行われた卒業式の模様が、テレビのニュースで紹介され、卒業生答辞の見事さに瞠目させられたのです。

地震や津波の怖さをわきまえ、十分に学び、備えてきたのに、自然の前に、人間はあまりにも無力だった、それでも「天を恨まず」生きていくのだという覚悟。嗚咽で何度も言葉に詰まりながらも、最後まで伝えきった姿に、今の自分にこれほどのことが言えるのだろうかと、自省せずにいられませんでした。

特に「天を恨まず」という言葉には、人間のあるべき精神を改めて教えられた気がします。今回の震災に限らず、昔から自然の脅威にさらされながら、懸命に生きてきた人々の住む土地。そんな伝統が、こうした精神を育んだのでしょうか。この答辞は、あちこちで話題になったようですし、同じように感銘を受けた方も少なくないはず。このように素晴らしい言葉をできるだけ記録しておきたい、そう思ったのです。

卒業式はよく〝旅立ち〟にたとえられます。この少年は「天を恨まず」という覚悟を胸に、旅立っていったわけですが、この覚悟は人間全体の未来へとつながるものでもあるかもしれません。ここ数十年、いや、英国で産業革命が起きたあたりから、人間は自然に対し、傲慢になりすぎていましたから。
そんな人間への、自然からの警告、という意味も、この震災には感じてしまいます。人間はこれまでのあり方を卒業して、別の未来を模索したほうがよいのではないか、そう考えるとき、この「天を恨まず」という精神は、よりよい旅立ちのための示唆でもあるような気がするのです。

▼嶋基宏

「変わり果てたこの東北の地を目と心にしっかりと刻み〝遅れて申し訳ない〟と言う気持ちで避難所を訪問したところ、皆さんから〝おかえりなさい〟〝私たちも負けないから頑張って〟と声を掛けていただき、涙を流しました。（略）絶対に見せましょう、東北の底力を」

（『スポニチアネックス』2011年4月30日配信）

プロ野球・東北楽天で選手会長を務める嶋基宏が、4月29日の本拠地開幕戦後に発したメッセージです。「底力」という言葉は、4月2日の慈善試合前のスピーチでも使われ、有名になりましたが、この本の最後にこの発言を持ってきたのには、理由があります。じつは同郷の後輩で、同じように東京生活を経てほぼ同時期に東北の地に移り住んだ彼の気持ちに、共感するものがあったからです。
筆者や嶋が生まれ育ったのは、岐阜県海津市。田舎ですが、肥沃で温暖な濃尾平野に位置し、東北とは異なる文化を育んできました。その最たるものが「輪中」。稲作には適していたものの、洪水に見舞われやすいため、集落を高い堤防で囲んで守る構造をいいます。そこから「輪中根性」という、身内での結束は固いが、功利的かつ排他的で自己本位という気質も生まれました。

それは大なり小なり、東海地方全体の住民気質かもしれません。その創意工夫の精神や鋭い金銭感覚は、信長・秀吉・家康の戦国三英傑やトヨタ自動車といった、日本を動かす〝人やもの〟を輩出させてきたものの、一方で、抜け目なくずるいイメージを他の地方の人に与えている印象も否めないのです。

そんな抜け目なさやずるさは、東北人には稀薄な気がします。たとえば、岩手県民は全国一お人好しだという話を聞いたことがありますが、岩手に限らず、東海出身者の目には、東北人全体がけっこうお人好しに思えます。有史以来、東北の地が中央の勢力によって何かとつけこまれてきたのも、そのあたりに起因するのでしょう。

しかし、それでもなお、東北人はお人好しであることをやめず、飢饉や津波といった災害にも、個としての踏ん張りと助け合いの気持ちで立ち向かってきました。東北人には、ふだんは見えにくいけど確実に存在する力、すなわち「底力」があり、だからこそ、楽天の選手たちにも逆に「頑張って」と言えたりするわけです。

ところで、嶋が「底力」という言葉を選んだのは、開幕時期をめぐる球界のゴタゴタに対し、ふがいなさを感じ、野球の力はこんなものじゃないことを示したい、という想いからだったとか。こういう意地の見せ方もまた、彼が東北人らしくなったことの証しかもしれません。

そして、筆者も、言葉の力はこんなものじゃないことを示したくて、この本を作りました。全体を書き終えた今、東北の言葉の「底力」が背中を押してくれている気がします。

原発問題もいまだ収束にはいたらず、東日本大震災は進行中ですが、こうした言葉の力が、大事な何かをよみがえらせてくれることは信じていい、そんな気持ちです。

[著者紹介]
宝泉薫（ほうせん・かおる）
1964年生まれ。岐阜県出身。早大除籍後、ミニコミ誌『よい子の歌謡曲』発行人を経て、芸能、スポーツ、メンタルヘルスなどの分野で執筆中。著書に『昭和歌謡勝手にベストテン』、編書に『自殺ブンガク選』（ともに彩流社）など。
“エフ/宝泉薫”名義でツイッターも行っている。2005年より岩手県盛岡市在住。

本文DTP制作………勝澤節子

こころを支える「東北」の言葉
“がんばろう”を超えるよりどころ

発行日❖2011年8月31日　初版第1刷

著者
宝泉薫

発行者
杉山尚次

発行所
株式会社言視舎
東京都千代田区富士見2-2-2 〒102-0071
電話03-3234-5997　FAX 03-3234-5957
http://www.s-pn.jp/

装丁
山田英春

印刷・製本
㈱厚徳社

ISBN978-4-905369-08-0 C0036